数字经济
重塑经济新动力

杨新臣　编著

电子工业出版社·

Publishing House of Electronics Industry

北京·BEIJING

内容简介

数字经济推动人类经济形态由"工业经济"向"信息经济—知识经济—智慧经济"转化，逐步成为经济创新发展的主流模式，开启重大的时代转型，带动人类社会生产方式的变革、生产关系的再造、经济结构的重组、生活方式的改变，成为新时期经济发展的新引擎。

本书从数字经济的要素、内涵、演进出发，分析当前中国与世界数字经济的现状和趋势，面临的新形势、新问题，提出数字化转型的背景、动因、建议，总结数字化转型的实践场景。本书从政府数字化、产业数字化、企业数字化三位一体的视角，指出政府数字化的现实困境、路径选择和政策建议，以及产业数字化转型的现实意义、着力点、机理、模式，重点论述了企业数字化转型的思路、选择、路径、模式和案例实践。

本书可作为从事数字经济领域工作的政府工作人员、企业员工、高校师生、研究人员的参考用书。

图书在版编目（CIP）数据

数字经济：重塑经济新动力 / 杨新臣编著. —北京：电子工业出版社，2021.5
ISBN 978-7-121-41054-3

Ⅰ.①数…　Ⅱ.①杨…　Ⅲ.①信息经济　Ⅳ.①F49

中国版本图书馆CIP数据核字（2021）第076662号

责任编辑：宁浩洛　　文字编辑：赵　娜　孙丽明
印　　刷：三河市鑫金马印装有限公司
装　　订：三河市鑫金马印装有限公司
出版发行：电子工业出版社
　　　　　北京市海淀区万寿路173信箱　邮编　100036
开　　本：720×1 000　1/16　印张：14　字数：269千字
版　　次：2021年5月第1版
印　　次：2022年6月第4次印刷
定　　价：69.00元

凡所购买电子工业出版社图书有缺损问题，请向购买书店调换。若书店售缺，请与本社发行部联系，联系及邮购电话：（010）88254888，88258888。

质量投诉请发邮件至zlts@phei.com.cn，盗版侵权举报请发邮件至dbqq@phei.com.cn。

本书咨询联系方式：（010）88254461，sunlm@phei.com.cn。

序 一

当今世界，互联网的广泛普及促使数字信息成为重要的生产要素，数字经济日益成为经济发展的新模式。以物联网、大数据、人工智能、5G、区块链等为代表的数字科技革新了生产、分配、交换和消费等经济社会的各个环节，同时也促进了科技升级、产业转型和供给侧改革。数字技术加速孕育颠覆性群体性重大突破，与制造、能源、材料、生物、空间等技术交叉融合，并在基础设施、支柱产业、机械装备、服务业、能源环保中快速赋能。从宏观看，数字技术融合基础设施是新基建的重要内容，包括智能数据基础设施、智能交通基础设施、智慧能源基础设施等，对于国民经济社会影响深远。从微观看，面对部分产能过剩和信息不对称带来的企业生存问题，企业应积极利用数字技术加快自身数字化转型升级步伐，提升企业网络化、数字化、智能化能力。

发挥数字经济在生产要素配置中的优化与集成作用，加强企业数字化改造，引导实体经济企业加快生产装备的数字化升级，深化生产制造、经营管理、市场服务等环节的数字化应用，加速业务数据集成共享，加快行业数字化升级，面向钢铁、石化、机械、电子信息等重点行业，制定数字化转型路线图，打造区域制造业数字化集群，加快重点机械制造业集群基础设施数字化改造，推动智慧物流网络、能源管控系统等新型基础设施共建共享，培育数据驱动的新模式新业态，引导企业依托工业互联网平台打通消费与生产、供应与制造、产品与服务间的数据流和业务流，加快创新资源在线汇聚和共享，培育个性化定制、按需制造、产业链协同制造等新模式，发展平台经济、共享经济、产业链金融等新业态，进一步促进数字经济与实体经济的深度融合，进而提升实体经济的发展韧性与创新能力。这些都是新臣同志的《数字经济：重塑经济新动力》所重点关注的内容，也是他基于其从事科学研究、产业投资和企业实践的多年经验，将科技与经济相融合，对新经济模态"数字经济"理论及其产业应用的认真思考，对数字经济的现状与趋势、形式与问题、理论与实践等的全面分析与总结。

　　"十四五"时期我国将进一步加快数字经济发展，打造数字经济新优势，协同推进数字产业化和产业数字化转型，加快数字社会建设步伐，提高数字政府建设水平，营造良好数字生态，建设数字中国。本书基于科技进步与实体经济的深度融合实践，将为有效提高传统产业网络化、数字化、智能化水平，为加速新经济发展与重构治理模式提供宝贵经验和借鉴。

上海交通大学党委书记

杨振斌

序　二

　　毋庸置疑，数字经济已经成为当今社会快速发展的主流经济。基于大数据、互联网和人工智能的数字经济不仅变革着传统经济活动的所有要素、所有环节、所有的层面，而且不断产生和涌现出新的经济模式和新的经济业态。人们每时每刻都自觉或不自觉地生活在数字经济的浪潮中，概要或系统性地掌握一些数字经济知识对每一个试图改变自身生存和发展状况的人都有所裨益。显然，一部既系统全面又新颖易懂的著作可以满足大多数人的需求。如果您想在数字经济的海洋中驾轻就熟、收获满满，那就请您早一点学习和掌握一些数字经济知识吧！

中国自动化学会副理事长

王成红

序　三

　　发展数字经济是国家战略，企业的数字化经营也是大势所趋。1996年美国学者第一次提出"数字经济"这一概念，是因为新经济中信息是以数字方式呈现的。随着信息技术的不断发展与拓宽，互联网、物联网、大数据、云计算、人工智能等行业逐步被涵括进数字经济领域，并成为其支柱。

　　数字经济作为智能化时代的重要经济形态，对传统行业数字化转型、经济结构重构升级及提高国家竞争力至关重要。根据中国信息通信研究院2020年发布的报告数据，中国数字经济占GDP比重由2005年的14.2%提升至2019年的36.2%，数字经济在国民经济中的地位得到进一步的凸显。杨新臣博士的《数字经济：重塑经济新动力》写在数字经济大力腾飞之时，处于当今企业智能化转型破局的风口，讲解了数字技术与实体经济的深度融合实践，为传统行业提高数字化、网络化、智能化水平，加速重构经济发展与治理模式提供了宝贵的经验借鉴。

　　作为国家战略，互联网、大数据、人工智能和实体经济在深度融合，从而促进数字经济和实体经济共同发展。《国家数字经济创新发展试验区实施方案》围绕解决数字经济发展的关键问题开展针对性改革试验探索，推进形成一批可操作、可复制、可推广的典型做法，提升国家治理体系和治理能力现代化水平。众多相关政策的出台无疑为政府、产业及企业的转型提供了红利。

　　中国有着巨大的产业规模，中国信息通信研究院7月3日发布的《中国数字经济发展白皮书（2020年）》显示，2019年中国数字经济增加值规模为35.8万亿元，正在成为经济高质量发展的新引擎。巨大的市场潜力为产业带来了新的机遇。我和杨博士秉持相同的观点：各行各业应充分激发数字经济与传统产业的"化学反应""连锁反应"，基于产业需求不断驱动技术的迭代升级和商业化应用的逐步成熟，从而实现真正的产研一体化，最大程度发挥数字科技产业价值，为增强国家经济活力和推动高质量发展而努力。

　　就企业而言，在传统行业正面临着升级和转型的巨大机遇和挑战的背景之下，数字经济促使企业通过科技赋能核心业务，实现智能化转型。目前，数字化转型已广泛应用于金融、医疗、制造、安防、物流等多个垂直行业和场景，这是大势所趋。如同杨博士所说：数字经济既涉及技术条件又涉及经济关系，根据场景和需求的不同，数字化技术的应用会呈现多种组合态势。因此，想实现企业的智能化转型，就需要深耕技术和业务领域，解决实际的业务痛点；然后深入融合技术和业务流程，形成完整的解决方案，最终打造出可规模复制的标准化产品及业务应用模式。这样才能真正产生商业价值，带来更大的经济效益和社会效益。

　　中国数字经济基础扎实，发展稳步，并且拥有产业优势及相关政策的支持，已经成为带动国民经济发展的核心力量，加快了制造业、农业、交通、教育、医疗等领域现代化发展的进程。数字经济已然成为驱动经济增长的关键因素。与此同时，中国也正在改写全球数字化发展的格局，为无数企业提供技术支持和应用启迪，预计在未来几年内中国将成为引领全球数字化发展的坚实力量，带动全球经济进一步增长。

　　《数字经济：重塑经济新动力》基于杨博士从事信息化、数字化、产业投资和经济学研究的多年经验，对新经济模态"数字经济"的理论思考与产业应用进行了深度融合，对数字经济的现状与趋势、形式与问题、理论与实践等做了细致、全面的分析与总结。这本书给予我许多思考和启迪，是一本优秀的行业参考读物，适合想要对数字经济进行深入探讨并希望有所得的行业学者、企业家、产品技术从业者阅读。希望大家都能在本书中得到启发。

中国平安集团首席科学家、集团执委

肖京博士

前　言

　　随着数字化、网络化、智能化在生产生活中的广泛适用，特别是在新型冠状病毒（以下简称新冠）肺炎疫情期间的广泛应用，切实解决了人们生产生活中面临的很多难题。数字经济逐步成为经济创新发展的主流模式，并正在开启重大的时代转型，带动人类社会生产方式的变革、生产关系的再造、经济结构的重组、生活方式的改变，成为新时期经济发展的新引擎。

　　数字经济是人类通过对数字化知识与信息的认识、分析和应用，引导并实现资源的有效优化配置与再生，实现社会全方位进步的经济形态。数字经济是经济形态变迁的新阶段，数字产业化和产业数字化是数字经济的核心，代表了数字经济发展的方向。数字经济和相关领域融合发展具有极大的潜力，将进一步促进经济发展和结构转型。如何推进数字产业化、产业数字化，引导数字经济和实体经济深度融合，推动经济高质量发展，成为新时期的课题。

　　特别是 2020 年，随着新冠肺炎疫情在全球蔓延，从多个方面给世界主要经济体带来了巨大的冲击，当前世界经济复苏乏力，需要寻找重现经济繁荣的增长点，数字经济由于具有高技术、高渗透、高融合、高增长等特性，成为推动世界经济复苏、繁荣的重要引擎。数字经济的飞速发展不仅有利于缓解新冠肺炎疫情对经济的影响，还可推动企业数字化转型和智能化升级，促进新旧动能转换，为世界经济长期向好发展注入强劲的动力。美国、欧盟等世界发达国家和地区纷纷将数字经济作为振兴实体经济、培育经济新动能的重要战略，积极抢占全球产业竞争制高点。

　　数字经济作为真正面向未来的经济形态，在中国已经扬帆起航，正在引领经济增长从低起点高速追赶走向高水平稳健超越，供给结构从中低端增量扩能走向中高端供给优化，动力引擎从密集的要素投入走向持续的创新驱动，技术产业从模仿式跟跑、并跑走向自主型并跑、领跑，为最终实现经济发展方式的根本性转变提供了强大的动力。我们要以2020 年为新的起点，一方面继续推动数字经济自身向纵深发展，另一方面充分激发数字经济与传统产业的"化学反应""连锁反应"，为增强我国经济活力和推动经济实现高质量发展而努力。"十四五"时期（2021—2025 年）是我国"两个一百年"奋斗目标的历史交汇期，也是全面开启社会主义现代化强国建设新征程的重要机遇期。在数字化程度日益加深的世界，数字经济无疑将成为"十四五"时期乃至中长期内我国形成新发展格局的重要力量和国际竞争的新战场。

总之，数字经济推动了人类经济形态由工业经济向"信息经济—知识经济—智慧经济"转化，极大地降低了社会交易成本，提高了资源优化配置效率及产品、企业、产业的附加值，推动了社会生产力的快速发展，同时为落后国家后来居上、实现超越性发展提供了技术基础。当然，要全面理解数字经济有一定的难度，数字经济既涉及技术条件，又涉及经济关系，根据场景和需求的不同，数字化技术的应用会呈现多种组合态势。数字经济的复杂性、跨界性、融合性构成了它独有的概念、属性和特征，不能基于当前的表现而过度确定数字经济的定义。数字经济内涵的多样化及相关概念的混用反映了人们对数字经济认识的不足，也对数字经济的相关实践造成了困难。各领域的专家、学者纷纷从各自的角度对数字经济的内涵进行了研究，丰富了数字经济内涵的研究成果，加深了人们对数字经济的认识。

本书基于编著者对信息化、数字化、产业投资和经济学的多年研究和思考，将对新经济模态"数字经济"的工作思考和产业实践进行融合，希望能够给业界同人应对数字经济模态提供一些启发。但由于作者经验不足和学识不精，书中难免有不足之处，敬请指正。

衷心感谢孙存一博士、丁洋博士、刘若阳博士、郝东杰博士对本书提出的宝贵建议和帮助。感谢清华大学互联网产业研究院院长朱岩教授、蚂蚁金服集团首席科学家兼副总裁漆远博士及平安集团首席科学家兼集团执委肖京博士的支持和帮助。特别感谢电子工业出版社王传臣社长、徐静主任和孙丽明编辑为本书的出版付出的辛勤劳动。

编著者

目　录

第1章

数字经济概述

1.1 数字经济的理论基础

1.1.1 什么是数字经济

数字经济是继农业经济、工业经济之后的新经济形态，它是以使用数字化的知识和信息作为关键生产要素，以现代信息网络作为基本载体，以信息网络技术的有效使用作为效率提升和经济结构优化的重要推动力的一系列经济活动。数字经济是世界经济创新发展的主流模式，正在开启重大的时代转型，带动人类社会生产方式的变革、生产关系的再造、经济结构的重组、生活方式的改变，是新时期经济发展的新引擎。

数字产业化和产业数字化是数字经济的核心，代表了数字经济发展的方向。其中，数字产业化是数字经济的基础部分，即围绕数据归集、传输、存储、处理、应用、展现等数据链各环节，形成的技术、产品和服务等有关产业，主要包括电子信息制造业、软件和信息服务业、信息通信业，以及物联网、大数据、云计算、人工智能、区块链等新一代信息技术产业。产业数字化是数字经济的融合部分，即信息通信技术与传统产业广泛渗透融合，促进产出增加和效率提升，催生新产业、新业态、新模式，主要包括以智能网联汽车、智能无人机、智能机器人等为代表的制造业融合新业态，以移动支付、电子商务、共享经济、平台经济、流量经济为代表的服务业融合新业态。

随着新一代网络信息技术的不断创新突破，数字化、网络化、智能化不断深入发展，世界经济加快了向数字化转型的脚步，蓬勃发展的数字经济深刻改变着人类的生产生活方式。数字经济是大势所趋，已经成为经济增长的核心动力之一。数字经济和相关领域融合发展具有极大的潜力，将进一步促进我国经济发展和结构转型。我国正积极推进数字产业化、产业数字化，引导数字经济和实体经济深度融合，推动经济高质量发展。2020 年 4 月，习近平总书记在浙江考察时强调，要抓住产业数字化、数字产业化赋予的机遇，抓紧布局数字经济。

1.1.2　数字经济的引擎

创新是社会进步的灵魂，核心技术是创新驱动的关键，信息技术是核心技术的重要组成部分。2019 年，习近平主席在中国国际数字经济博览会的贺信中指出，"当今世界，科技革命和产业变革日新月异，数字经济蓬勃发展，深刻改变着人类生产生活方式，对各国经济社会发展、全球治理体系、人类文明进程影响深远"。显然，数字经济是信息技术和人类生产生活的交汇融合，数字经济通过不断升级的网络基础设施和智能机等信息工具来达到提升和发展的目的，信息技术构成了数字经济的核心引擎。

随着信息化的发展，新兴的信息技术发挥着重要作用。新一代信息技术形成了以网络互联的移动化和泛在化、信息处理的集中化和大数据化、信息服务的智能化和个人化为基本特征的数字技术。新时期的数字经济以数字技术为核心引擎，以数据为关键生产要素，以生态为主要商业载体，以开放共赢为主流合作模式，云计算、大数据、人工智能等数字技术是数字经济的关注重点，新一代数字技术包括但不限于下列内容（见表 1-1）。

表 1-1　新一代数字技术的内容和搜索热词

数字技术	内　　容	搜索热词
云计算	云计算是指以提高资源利用率、降低 IT 成本为驱动的计算模式，包括使用者、提供者和开发者三类角色。使用者可在不具备专业知识的情况下通过网络以自服务的方式访问云中资源；提供者以按需使用、按量计费的方式通过网络提供动态可伸缩资源，资源以虚拟化、服务化的形式提供；开发者负责将各种软硬件资源封装成服务，负责服务的创建、发布和维护	分布式计算、效用计算、负载均衡、并行计算、网络存储、热备份冗杂、虚拟化等
大数据	大数据是指以容量大、类型多、存取速度快、应用价值高为主要特征的数据集合，正快速发展为对数量巨大、来源分散、格式多样的数据进行采集、存储和关联分析，从中发现新知识、创造新价值、提升新能力的新一代信息技术和服务业态	数据采集、数据传输、数据存储、数据处理、数据计算、数据分析、数据可视化、数据安全等
人工智能	人工智能是指利用数字计算机或数字计算机控制的机器来模拟、延伸和扩展人的智能，感知环境、获取知识并使用知识获得最佳结果的理论、方法、技术及应用系统	机器学习、知识图谱、专家系统、深度学习等
物联网	物联网是通信网和互联网的拓展应用和网络延伸，它利用感知技术与智能装置对物理世界进行感知识别，通过网络传输互联，进行计算、处理和知识挖掘，实现人与物、物与物的信息交互和无缝链接，达到对物理世界实时控制、精确管理和科学决策的目的	传感器、射频识别技术、全球定位系统、红外线感应器、5G 等
工业互联网	工业互联网是新一代网络信息技术与现代工业融合发展的新产业和应用生态，是工业经济数字化、网络化、智能化的重要基础设施，是互联网从消费领域向生产领域、从虚拟经济向实体经济拓展的核心载体	工业软件、工业 App、工业大数据、工业微服务等
边缘计算	边缘计算是指在靠近物或数据源头的一侧，采用集网络、计算、存储、应用核心能力为一体的开放平台，就近提供最近端服务。其应用程序在边缘侧发起，产生更快的网络服务响应，满足行业在实时业务、应用智能、安全与隐私保护等方面的要求	敏捷连接、实时业务、数据优化、应用智能、安全与隐私等
区块链	区块链是一种由多方共同维护，使用密码学保证传输和访问安全，能够实现数据一致存储、难以篡改、防止抵赖的技术体系	分布式数据存储、点对点传输、共识机制、加密算法等

数字技术	内　容	搜索热词
柔性制造	柔性制造可以表述为两个方面：一是生产能力的柔性反应能力，也就是机器设备的小批量生产能力；二是供应链的敏捷和精准的反应能力。柔性制造以消费者为导向，以需定产，与之相对的是传统大规模量产的生产模式	数控加工设备、物料运储装置、计算机控制系统、自动化制造系统等
新基建	新型基础设施是以新发展理念为引领，以技术创新为驱动以信息网络为基础，面向高质量发展需要，提供数字转型智能升级，融合创新等服务的基础设施体系	5G基站建设、特高压、城际高速铁路和城市轨道交通、新能源汽车充电桩、大数据中心、人工智能、工业互联网等
数字孪生	数字孪生是充分利用物理模型、传感器更新、运行历史等数据，集成多学科、多物理量、多尺度、多概率的仿真过程，在虚拟空间中完成映射，从而反映相对应的实体装备的全生命周期过程。数字孪生是一种超越现实的概念，可以将其视为一个或多个重要的、彼此依赖的装备系统的数字映射系统	产品设计、过程规划、生产布局、过程仿真、产量优化等
数据中台	数据中台是一套可持续"让企业的数据用起来"的机制，是一种战略选择和组织形式，是依据企业特有的业务模式和组织架构，通过有形的产品和实施方法论支撑，构建一套持续不断地把数据变成资产并服务于业务的机制	数据汇聚整合、数据提纯加工、数据服务可视化、数据价值等
虚拟现实	顾名思义，虚拟现实就是虚拟和现实相互结合。虚拟现实技术又称灵境技术，是20世纪发展起来的一项全新的实用技术。虚拟现实技术融计算机、电子信息、仿真技术于一体，其基本实现方式是计算机模拟虚拟环境从而给人以环境沉浸感	动态环境建模、实时三维图形生成、立体显示和传感器、同步技术、模型的标定技术、数据转换技术、数据管理模型、识别与合成技术等
量子计算	量子计算是一种遵循量子力学规律，调控量子信息单元进行计算的新型计算模式。传统的通用计算机的理论模型是通用图灵机，而通用的量子计算机的理论模型是用量子力学规律重新诠释的通用图灵机。从可计算的问题来看，量子计算机只能解决传统计算机所能解决的问题，但是从计算的效率来看，由于量子力学叠加性的存在，某些已知的量子算法在处理问题时速度要快于传统的通用计算机	量子通信加密、量子力学态叠加、高性能单光子源、牵连原理、光子的偏振、腔量子电动力学、离子阱、核磁共振等

要全面理解数字经济有一定的难度，数字经济既涉及技术条件，又涉及经济关系，根据场景和需求的不同，数字技术的应用会呈现多种组合态势。数字经济的复杂性、跨界性、融合性构成了它独有的概念、属性和特征，不能基于当前的表现而过度确定数字经济的定义。通常来讲，从三个技术维度入手可以对认知数字经济有一定的帮助，这三个维度是：构成数字经济技术基础的数字技术、作为数字经济条件下重要生产要素的数据，以及数字经济条件下重要组织形式的平台。其中，数字技术和数据构成了数字经济的生产力层面，平台构成了数字经济的生产关系层面。

1. 数字技术

推动世界经济复苏和突破性发展的力量往往发端于供给侧，通过供给侧技术水平的提升来产生经济发展的动力。数字技术是一种颠覆性的力量，它正在重新定义未来。数字技术是构成数字经济的技术基础。相比于传统的技术，数字技术有很多独有的特征，如具有很强的规模经济、网络经济特征，在发展突破一定临界点后，增长速度将极为迅猛。而且，数字技术有很强的"通用目的的技术"属性，能够同时使用多个部门的技术。这种属性带来了两个重要影响。

（1）数字技术研发工作具有很强的"正外部性"。通过网络平台、数字技术所产生的商流、信息流、数据流，与合作伙伴、供应商、客户进行深入互动，实现价值共创、利益共赢，其所产生的效应呈指数级增长。

（2）作为"通用目的的技术"，数字技术功能的发挥需要具体部门的技术和组织进行配套，这使数字经济部门的发展和经济整体的发展可能是不同步的，导致数字技术发展对国内生产总值的影响并不显著，即"索洛悖论"。这种现象在很大程度上是由数字技术的"通用目的的技术"属性引起的，但正是因为多种通用技术同时在经济体中扩展和发挥作用，数字经济才会在全世界蓬勃发展。

2. 数据

数据资源成为现代企业价值创造的生命线和数字科技发力的新引擎，数据要素驱动产业数字化转型已经成为全球共识，越来越多的国家和企业寄希望于通过数字化实现能力提升或"弯道超车"。作为数字经济时代的关键生产要素，数据在性质上与资本、劳动力等传统的生产要素存在很多的不同。

（1）数据具有一定的公共品属性。从使用环节看，数据具有很强的"非竞争性"，一个人使用了某一数据，并不影响其他人对它的使用；而从生产环节看，数据具有很强的"非排他性"，不同的收集者可以对同一数据源进行数据采集、分析、使用，互不干扰，互不影响。

（2）数据具有很强的规模效应和范围效应。在现有的技术条件下，规模太小或维度太少的数据对分析来说是没有意义的。随着数据规模的扩大、维度的增加，可能从数据中挖掘出的价值将呈现指数级增加，这就是大数据的价值。

（3）数据具有较强的可再生性和可替代性。不同于石油等传统的生产要素，数据不会因为使用而消失，反而可能因为使用而不断增加。与此同时，数据也不像石油那样不可或缺。事实上，为了达成相同的分析目标，我们可以采用完全不同的数据集合。

3. 平台

在数字经济条件下，平台日益成为一种重要的经济组织形式。这种组织形式的兴起，一方面让生产力获得了巨大的释放，也给人们的生活带来了巨大的便利；但另一方面对人们的认知提出了很多新挑战。

（1）平台具有企业和市场的双重特征。一方面，所有的平台都有员工、资产、层级结构。对内，用命令来进行资源配置；对外，需要参与市场竞争，这些都是和传统的企业类似的。但另一方面，平台并不像传统的企业一样直接生产或销售商品，它们要做的更多的是匹配供需。除了本质属性上与传统企业的差别，平台还具有很多传统企业所没有的特点，其中最重要的就是"跨边网络外部性"。所谓"跨边网络外部性"，指的是平台一侧的用户会关注平台另一侧的用户数量。有了这种跨边网络外部性，平台就有机会通过首先撬动一侧的市场来启动"鸡生蛋、蛋生鸡"式的回振，获得迅速的成长。

（2）平台具有连接和孵化的双重职能。科技平台成为中小企业"上云、用数、赋智"的核心支撑。插件化解决方案为破解中小企业产业数字化转型成本高、产业链数据资源获取难度大等问题，提供了有效的解决路径。在科技的支撑下，行业数字化平台将从单个企业的自我建设向行业的共同建设转变，成为推动企业数字化合力的重要工具。通过数字技术整合产品和服务供给者，促成行业、企业间的交易协作和适度竞争，加速形成数字化合力并共同创造价值。以科技平台为依托，探索创新，形成基于数据、知识产权等无形资产的虚拟产业园区、虚拟产业集群等新产业载体，切实发挥这些产业载体集聚、融合产业链上下游资源要素的优势作用。

需要指出的是，在平台竞争的条件下，先发的平台通常具有更强的网络外部性，从而对客户产生更大的吸引力，后来进入的平台则很难吸引足够的客户，这样就很可能产生客户向先发平台集中的竞争结果，最终形成一家独大的格局。

1.1.3　数字经济的内涵

各领域的研究人员纷纷从各自的角度对数字经济的内涵进行了研究，丰富了数字经济内涵的研究成果，加深了人们对数字经济的认识。其中，数字经济内涵的四大维度和四化框架具有一定的代表意义，符合人们当前的认知水平。

1. 四大维度

数字经济推动了人类经济形态由工业经济向"信息经济—知识经济—智慧经济"转化，极大地降低了社会交易成本，提高了资源优化配置效率及产品、企业、产业的附加值，推动了社会生产力的快速发展，同时为落后国家实现超越性发展提供了技术基础。对于数字经济的内涵，可以从要素、载体、技术、系统这四大维度进行认识和理解，如图 1-1 所示。

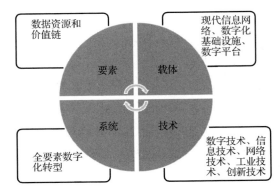

图 1-1　数字经济内涵的四大维度

1）要素维度

数字化的数据资源成为驱动数字经济发展的关键要素。在数字经济时代，衡量经济产出的生产函数将数据化的知识和信息纳入其中，成为核心生产要素，知识和信息的集聚和流通削弱了传统要素的有限供给对经济增长的制约。同时，数字经济推动了技术、劳动等其他生产要素的数字化发展，为现代化经济体系注入了新动力。

2）载体维度

现代信息网络、数字化基础设施和数字平台成为数字经济发展的载体。现代信息网络为数据的存储和传输提供了必要条件。数字化的基础设施加强了人、机、物的互联与融合，并提供了数据源和交互基础。数字平台包括交易平台、创新平台等，支持参与方进行信息交换，并为开发者的创新提供生态环境。在此基础上，数字化的数据资源通过存储和分析转化为"数字智能"，进而通过数字平台实现"数据货币化"，并在此基础上循环往复，形成"数据价值链"，由此推动数字经济不断发展。

3）技术维度

数字技术的创新和融合为数字经济提供了重要推动力。第五代移动通信网络（5G）、人工智能、量子计算、物联网、区块链、大数据、虚拟现实、超高清视频等信息技术的持续突破，从单点创新不断向交叉创新转变，促进形成多技术群相互支撑、齐头并进的链式创新，不断从实验室走向大规模应用，为数字产业的蓬勃发展和应用提供了有效支撑。

4）系统维度

数字经济为整个经济环境和经济活动带来了系统性的变化或结果。数字产业是以数字技术为主要工具进行利润和价值创造的经济活动，重点在于数字技术自身的价值实现。而数字经济相比于数字产业，其概念范畴和影响范围更加广阔，更强调经济的驱动方式，以及数字技术对经济各领域的赋能作用。

2. 四化框架

结合数字经济的发展特点，《中国数字经济发展白皮书（2017 年）》从生产力角度提出了数字经济的"两化"框架，即数字产业化和产业数字化。随着数字经济的发展，数字经济已经超越了信息通信产业部门的范畴。数字技术作为一种通用技术，广泛应用到经济社会的各领域、各行业，不断促进经济增长和全要素生产率提升，开辟了经济增长新空间。

考虑到组织和社会形态的显著变迁，《中国数字经济发展与就业白皮书（2019 年）》从生产力和生产关系的角度提出了数字经济的"三化"框架，即数字产业化、产业数字化和数字化治理。数字经济的蓬勃发展，不仅推动了经济发展的质量变革、效率变革、动力变革，更带来了政府、组织、企业等治理模式的深刻变化，体现了生产力和生产关系的辩证统一。以数据驱动为特征的数字化、网络化、智能化的深入推进，使数据化知识和信息作为关键生产要素，在推动生产力发展和生产关系变革中的作用更加凸显。从而，经济社会实现了从生产要素到生产力再到生产关系的全面系统变革。

在《中国数字经济发展白皮书（2020 年）》中，中国信息通信研究院将数字经济修正为"四化"框架，即数字产业化、产业数字化、数字化治理和数据价值化。数字经济发展是生产力和生产关系的辩证统一。发展数字经济，构建以数据价值化为基础、数字产业化和产业数字化为核心、数字化治理为保障的"四化"协同发展生态，既是重大的理论命题，更是重大的实践课题。数字经济具有鲜明的时代特征和辩证统一的内在逻辑，"四化"紧密联系、相辅相成、相互促进、相互影响，本质上是生产力与生产关系、经济基础与上层建筑之间的关系，处理好四者之间的关系，是推动数字经济发展的本质要求。当前，数字技术红利大规模释放的运行特性和新时代经济发展理念的重大战略转变形成了历史交汇。发展数字经济，构筑数字经济发展新优势，推动经济发展质量变革、效率变革、动力变革，正当其时，意义重大。数字经济的四化框架如图 1-2 所示。

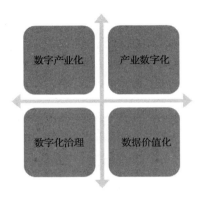

图 1-2　数字经济的四化框架

1）数字产业化

数字产业化即信息通信产业，是数字经济发展的先导产业，为数字经济发展提供技术、产品、服务和解决方案等。具体包括电子信息制造业、电信业、软件和信息技术服务业、互联网行业等。数字产业化包括但不限于 5G、集成电路、软件、人工智能、大数据、云计算、区块链等技术、产品及服务。

2）产业数字化

产业数字化即传统产业应用数字技术所带来的生产数量和效率提升，其新增产出构成数字经济的重要组成部分。数字经济不是数字的经济，而是融合的经济。在数字经济中，实体经济是落脚点，高质量发展是总要求。产业数字化包括但不限于工业互联网、两化融合智能制造、车联网、平台经济等融合型新产业、新模式、新业态。

3）数字化治理

数字化治理即运用数字技术建立健全行政管理的制度体系，创新服务监管方式，实现行政决策、行政执行、行政组织、行政监督等体制更加优化的新型政府治理模式。具体包括治理模式创新、利用数字技术完善治理体系、提升综合治理能力等。数字化治理包括但不限于以多主体参与为典型特征的多元治理、以"数字技术＋治理"为典型特征的技术与管理的结合，以及数字化公共服务。

4）数据价值化

数据价值化即让数据产生真正的价值。价值化的数据是数字经济发展的关键生产要素，加快推进数据价值化进程是发展数字经济的本质要求。习近平总书记多次强调，要"构建以数据为关键要素的数字经济"。党的十九届四中全会首次明确数据可作为生产要素按贡献参与分配。2020年4月9日，中共中央国务院印发了《关于构建更加完善的要素市场化配置体制机制的意见》，明确提出要"加快培育数据要素市场"。数据可存储，可重用，呈现出爆发式增长、海量集聚的特点，是实体经济数字化、网络化、智能化发展的基础性战略资源。数据价值化包括但不限于数据采集、数据标准、数据确权、数据标注、数据定价、数据交易、数据流转、数据保护。

1.1.4 数字经济的特征

随着信息技术的发展和网络新技术革命的推进，数字经济的概念应运而生。数字经济是人类通过对数字化知识和信息的认识、分析和应用，引导并实现资源的有效优化配置和再生，实现社会全方位进步的经济形态。总体而言，数字经济具备如下特征。

1. 数据逐渐成为关键生产要素

一方面，数据成为经济活动的基础要素。与传统模拟信号相比，数字经济下的数字信号为信息的产生、传输及使用创造了有利的条件。通过数字基础设施链接，社会经济主体广泛参与到经济活动中，成为数据创造和使用的主体，其进行的各项经济行为及其行为创造的经济成果（如商品、服务、货币等）逐渐数字化，渗透到整个经济社会，如平台购物、云服务、数字货币等。另一方面，数据成为经济活动持续发展的关键要素。数据具备智能化特征，禀赋独特，共享方便，复制简单，增长迅猛，可实现无限供给，突破了传统要素的供给约束条件，成为经济社会的基础性战略资源，为经济的可持续增长和发展奠定了基础。

2. 数字经济产业逐渐成为主导产业

一方面，数字产品与服务凝结了具有创造性的复杂劳动和科学技术，并经由新技术推广和复杂的劳动改造，成为经济社会中的新产品与新服务内容，催生了新的需求，而新的需求又会吸引大量新企业和研发机构持续加入，反过来又促进了数字技术进步和知识积累，形成了不断创造技术和财富的力量。从事数字经济的企业数量的增长和技术的进步，必然引起已有产业结构的调整和变迁，形成新兴主导产业。另一方面，数字经济产业的产出转化成其他产业部门的生产要素，促进了其他产业部门生产效率的提升、产品和服务质量的提升、技术的改造升级。当前，世界主要国家的数字经济产业占国民经济总量的比重不断提升，数字经济产业的增长速度超过国内生产总值的增长速度，在数字技术进步的带动下，数字经济产业逐渐发展为经济发展的战略支撑。

3. 数字技术推动的产业融合成为经济发展新动能

数字技术的进步和发展既推动了以信息通信产业为核心的相关数字产业的交互融合，也推进了经济中的跨产业融合，并广泛拓展到生产、分配、交换、消费、社会治理等领域，最终形成农业、工业、服务业、商业的数字化。在数字经济背景下，产业融合对经济发展的贡献程度持续提高和深化，其对经济的驱动作用主要体现在两个方面。一方面，数字技术持续深化对传统产业的渗透，数字经济基础产业持续加大对传统产业的融合与投入，催生一系列经济新模式和新业态；另一方面，传统产业的数字化速度不断加快，数字技术持续改造传统产业，促进传统产业的效率水平和产出水平的提高，为经济发展提供新动能。

1.1.5　数字经济的演进

1. 数字经济的来源和基础

1946 年 2 月，在美国宾夕法尼亚大学诞生了世界上第一台电子数字积分计算机,由此揭开了人类迈向数字时代的序幕。20 世纪 60—70 年代,半导体产业兴起,为数字经济提供了新的物理载体,AMD 超微半导体、英特尔等一批高新的科技公司也在硅谷相继落户。20 世纪 80—90 年代,以半导体微电子产业和计算机产业为基础的现代信息技术逐渐发展起来,带来了信息数量的几何式增长,同时也催生了人们对海量数字信息便捷交流的需求。"信息"一词汇逐步在商业市场中普及,这时数字经济进入了发展期。在该阶段,我国也开始在半导体和计算机等现代信息技术领域发力:计算机和大规模集成电路技术被引进中国;电子和信息产业被确定为国家战略;集成电路、计算机、通信和软件成为重要的发展领域,推动了电子信息技术的广泛应用。1986 年,电子工业部向国务院提交了《关于建立和发展我国软件产业的报告》,这是我国第一个软件产业发展规划方面的指导性报告,中国在数字经济领域开启了奋起直追的模式。

2. 数字经济的出现和发展

"数字经济"一词首次出现在美国学者唐·泰普斯科特于 1996 年所著的《数字经济:网络智能时代的前景与风险》(*The Digital Economy*：*Promise and Peril in the Age of Networked Intelligence*)一书中。不过,泰普斯科特在这部专著中只是用"数字经济"来泛指互联网兴起后的各种新生产关系,并没有对其概念进行精确的界定。20 世纪 90 年代的很多论文和报告中都陆续出现了"数字经济",尽管这些"数字经济"具体所指各不相同,但大致上讲,它们都涉及了互联网技术,以及在互联网技术的基础上出现的电子商务和电子业务(电子商务指的是经由互联网技术进行的商品和服务交易,电子业务指的则是采用了互联网技术的业务流程)。因此,有些学者认为,这一时期的"数字经济"所指的基本就是"互联网经济"。1998—1999 年,美国商务部连续发布了两份关于数字经济的报告,使数字经济的概念更加广为人知。尽管"数字经济"并非一个清晰的概念,但作为一个"好词",它很快在当时的学者当中流行开来。在这当中,不可不提的便是"计算机"和"互联网",正是由于互联网的普及,才使数字经济进入初级裂变阶段。我国的数字经济建设也在这一时期得到快速发展。从早期的网易、新浪和搜狐三大门户网站到阿里巴巴、京东等电子商务网络的搭建,以及后来的百度、腾讯的搜索引擎和社交媒体的创建,我国的数字经济建设迎来了一波发展小浪潮,数字经济也随之繁荣发展并产生裂变。

3. 数字经济的浪潮和质变

21 世纪初期，全球掀起了"数字经济"的浪潮。在互联网基础设施搭建时代，人们对数字经济的理解仍然局限于"电子商务"，认为其仅仅是"消费互联网"。事实上，数字经济的内涵和价值并不局限于此。随着物联网、移动互联网、云计算、大数据、人工智能、区块链等新兴数字技术的陆续兴起，单纯的"互联网经济"已经难以涵盖"数字经济"的全部内容。在这种背景下，不少文献开始把这些新的技术及由此产生的新型经济活动吸收到"数字经济"的概念中来，这一阶段的数字经济产生了一定的质变。2008 年，学者希克斯提出数字经济包括三个层面：第一层面包括货物、软件和基础设施；第二层面包括服务和零售；第三层面包括内容的生产和销售。埃尔马斯里等人（2016 年）认为数字经济不是一个概念，而是一种行为方式，它主要有三个贡献：①在经济世界的前沿创造价值；②从客户体验的角度优化流程；③构建支持整个体系的基本能力。同年，罗斯指出数字经济是以通信技术为基础的世界范围的经济活动网络。在 G20 杭州峰会上发布的《G20 数字经济发展与合作倡议》中，"数字经济"被定义为"以使用数字化的知识和信息作为关键生产要素，以现代信息网络作为重要载体，以信息通信技术的有效使用作为效率提升和经济结构优化的重要推动力的一系列经济活动"。在这个定义中，数字经济已经囊括了一切数字技术及建立在它们之上的经济活动。伯克特和希克斯（2017 年）指出数字经济是经济产出中完全或主要由数字技术带来的，由基于数字货物和数字服务的经济模式所创造的那部分。

纵观数字经济定义的演变，反映出三个重要信息。

（1）数字经济是一个具有时效性的概念。数字经济主要用来描述信息技术革命以来一段时期内对经济带来的巨大变革。随着技术的演进，数字经济的内涵不断变化，我们应该用发展而非静止的目光来看待它。未来，数字经济的概念将可能被新的概念取代。这并不是说数字技术在那时对经济已不重要，只是表明那时以数字技术方式进行生产将不再是经济形态的突出和关键特征。

（2）数字经济是技术与经济的结合。数字经济是主要以数字技术方式进行生产的经济形态，在制定相关的发展政策时，要两头并举，既要重视技术层面，也要重视经济层面。

（3）数字经济既有本质特征，也有非本质特征。本质特征是数字经济特有的，而非本质特征通常与其他概念共享，或者只是数字经济的某一组成部分或某一发展阶段的特征。

1.2　数字经济的全球发展

1.2.1　国际数字经济的发展

2020 年，随着新冠肺炎疫情在全球蔓延，从多个方面给世界主要经济体带来了巨大的冲击，当前世界经济复苏乏力，需要寻找重现繁荣的增长点，数字经济由于具有高技术、高渗透、高融合、高增长等特性，成为推动世界经济复苏、繁荣的重要引擎。数字经济的飞速发展不仅有利于缓解疫情对经济的影响，还可以推动企业数字化转型和智能化升级，促进新旧动能转换，为世界经济长期向好发展注入强劲的动力。美国、欧盟等世界发达国家和地区纷纷将数字经济作为振兴实体经济、培育经济新动能的重要战略，积极抢占全球产业竞争制高点。

1. 美国数字经济实践

美国是全球最早布局数字经济的国家，20 世纪 90 年代就启动了"信息高速公路"战略。美国把发展数字经济作为实现繁荣和保持竞争力的关键，从大数据、人工智能、智能制造等领域推动数字经济的发展。美国自 2012 年起相继发布了《大数据研究和发展计划》，推出了"数据－知识－行动"计划，提交了《大数据：把握机遇，维护价值》政策报告。2015 年 10 月更新的《国家创新战略》提出了建设下一代数字化基础设施，以保障数字世界接入等内容。2016 年 12 月，美国商务部建立了数字经济顾问委员会，成员包括科技行业巨头、创新者及专家，旨在帮助政府、企业和消费者提供发展数字经济的建议，从而凭借数字技术的应用发展来促进经济繁荣、教育完善，积极参与政治与文化生活。

2. 欧盟数字经济实践

欧盟坚持合作共赢原则，着力打破成员国间的数字市场壁垒，推动建立数字单一市场，重视数据保护和开放共享，积极构建欧盟内部统一的数字市场，同时推进人工智能的发展和治理。为了抓住数字革命带来的机遇，2015年5月6日，欧盟委员会启动了单一数字市场战略，旨在通过一系列举措革除法律和监管障碍，将当时的28个成员国市场打造成为一个统一的数字市场，以繁荣欧盟的数字经济。2016年4月19日，欧盟委员会公布了数字化欧盟工业计划，提出了明确的行动路线。2017年1月10日，欧盟委员会发布政策文件《打造欧盟数据经济》。2018年，欧盟在数字经济领域先后发布了《欧盟人工智能战略》《通用数据保护条例》《非个人数据在欧盟境内自由流动框架条例》《促进人工智能在欧洲发展和应用的协调行动计划》《可信赖的人工智能道德准则草案》等一系列政策来推动数字经济的发展。

3. 英国数字经济实践

英国是最早提出数字经济政策的国家，于2008年10月正式启动"数字英国"战略。2009年6月16日，英国政府公布了《数字英国》白皮书及实施计划，使数字化首次以国家顶层设计的形式出现。该计划的目标是将英国打造成世界的"数字之都"，为英国未来的经济繁荣提供必需的工具。英国于2012年颁布了《政府数字化战略》，2013年发布了《信息经济战略2013》，确定了四个主要目标，明确了英国信息经济近年的发展方向。随后英国不断升级数字经济战略，于2014年实施了《政府数字包容战略》，2015年启动了"数字政府即平台"计划，出台《2015—2018年数字经济战略》，大力推动数字经济创新发展，打造数字化强国，增强网络安全与治理力度，致力于网络治理实现新突破，推进政府数字化转型，提高政府数字服务效能。这一系列举措取得了显著成效，英国政府获得2016年联合国电子政务调查评估第一名，成为全球表现卓越的数字政府。2017年，英国正式发布了《数字英国战略》，包括数字化连接、数字化技能、数字化商业、宏观经济、网络空间、数字化政府和数据。2018年，英国在数字经济领域主要发布了《数字宪章》《产业战略：人工智能领域行动》《国家计量战略实施计划》等一系列行动计划。《数字宪章》规定了以下原则：互联网应免费、开放和可用；线上人群应了解适用规则；尊重并妥善使用个人数据；采取措施保护人们尤其是儿童的线上安全；线下权利在线上应受到同等保护；新技术带来的社会和经济效益应公平共享。《产业战略：人工智能领域行动》针对2017年11月发布的《产业战略》中提及的"人工智能与数据经济"挑战，就想法、人民、基础设施、商业环境、地区5个生产力基础领域制定了具体的行动措施，以确保英国在人工智能行业的领先地位。《国家计量战略实施计划》围绕计量战略的各项主题，制定了一系列具体任务，旨在支持英国充分发挥其世界领先的国家计量体系的作用。国家计量体系在确保英国满足其国际测量需求方面发挥着关键作用，也为支持英国关键政策、法规、立法，甚至维护主权能力等方面发挥着重要作用。通过帮助从业人员培养新技能，为开发新技术的企业提供服务，以及参与多个"大挑战项目"的开展实施，国家计量体系肩负着具体实施和支撑英国工业战略的责任。英国商业、能源和工业战略部每年向国家计量体系投入6 500万英镑，用于资助先进制造业、生命科学与健康、能源、环境及数字领域的研究。

4. 德国数字经济实践

德国对数字经济非常重视，先后发布了《工业4.0》《数字议程（2014—2017）》和《数字战略2025》。《工业4.0》是德国政府提出的一项高科技战略计划，包括智能工厂、智能生产、智能物流三个方面，被认为是以智能制造为主导的第四次工业革命。《工业4.0》的本质是基于信息物理系统实现智能工厂，通过使用各类传感器和智能控制系统使人机结合，提高工作效率。随着制造业和出口这两大传统增长引擎的衰退，德国正在寻找新的经济增长方式，但落伍的互联网成为发展瓶颈。根据Speedtest Global Index的数据，德国固定宽带每月平均连接速度在全球排名第33位，移动网络速度更是排名第47位。这样的互联网速度将极大地限制德国数字经济的发展。《数字议程（2014—2017）》倡导以数字化创新来驱动经济社会发展，为德国建设成为未来的数字强国部署战略方向。该议程一方面通过推动网络普及、网络安全及数字经济发展，挖掘数字化创新潜力，促进经济增长和就业，为《工业4.0》体系建设提供长久的动力；另一方面希望打造成一个数字化的未来社会，以便在未来的数字化竞争中保障德国持久的竞争力，使其成为未来欧洲乃至全球的数字强国。《数据战略 2025》指出，数字化改变了游戏规则，将给经济和社会领域带来巨变。在数字化转换中，速度至关重要，只有提前开发新市场、迅速制定标准的一方才能获胜。德国将数字化转型作为政治和经济层面的首要任务，在数字化议程下制订了许多计划并付诸实施，如德国经济部进一步完善了数字化概念的行动领域，德国政府提高了移动网络的带宽，启动了经济数字化技术资助项目，在全国范围内成立了 5 家中小企业 4.0 技术中心，为中小企业提供数字化支持。

1.2.2　中国数字经济的发展

中国围绕信息化和数字经济的发展，密集出台了一系列政策文件，各部门、各地区也纷纷制定出台了相应的行动计划和保障政策，概括如下。

2012 年，党的十八大推动数字经济逐渐上升成为国家战略。

2013 年，国务院出台了《国务院关于印发"宽带中国"战略及实施方案的通知》，首次提出将宽带网络作为国家战略性公共基础设施，从顶层设计、核心技术研发、信息安全保障等方面做出了全面部署。同年出台的《国务院关于促进信息消费扩大内需的若干意见》从增强信息产品供给能力、培育信息消费需求、提升公共服务信息化水平、加强信息消费环境建设等方面支持信息领域新产品、新服务、新业态的发展。

2014 年，中央网络安全和信息化领导小组第一次会议提出了"努力把我国建设成为网络强国"。

2015 年，国务院出台了《关于积极推进"互联网＋"行动的指导意见》，从创业创新、协同制造、现代农业等 11 个领域推动互联网创新成果与经济社会各领域的深度融合，提升实体经济的创新力和生产力。

2016 年，国务院出台了《国务院关于深化制造业与互联网融合发展的指导意见》，推动制造企业与互联网企业在发展理念、产业体系、生产模式、业务模式等方面全面融合，发挥互联网聚集优化各类要素资源的优势，加快新旧发展动能和生产体系的转换。G20 杭州峰会将数字经济作为"二十国集团创新增长蓝图"四大行动之一，强调数字经济对宏观经济、推进供给侧改革、推进实体经济发展和其他政策影响的重要作用。数字经济已经成为带动中国经济增长的核心动力。

2017 年，习近平总书记在主持中共中央政治局就实施国家大数据战略进行第二次集体学习时强调，要构建以数据为关键要素的数字经济，坚持以供给侧结构性改革为主线，加快发展数字经济，推动实体经济和数字经济融合发展，推动互联网、大数据、人工智能与实体经济深度融合，继续做好信息化和工业化深度融合这篇"大文章"，推动制造业加速向数字化、网络化、智能化发展。在政府与平台数据方面，国家发展和改革委员会（以下简称发展改革委）、中央网信办、工业和信息化部（以下简称工信部）等印发了《关于促进分享经济发展的指导性意见的通知》《国务院办公厅关于促进平台经济规范健康发展的指导意见》等文件，提出加强政府部门力度，促进平台数据开放。在工业领域数据方面，《国务院关于深化"互联网＋先进制造业"发展工业互联网的指导意见》《工业和信息化部办公厅关于推动工业互联网加快发展的通知》等提出，强化工业互联网平台的资源集聚能力，有效整合产品设计、生产工艺、设备运行、运营管理等数据资源。

2018 年，在政府工作报告中，李克强总理多次提到了数字经济相关内容，提出深入开展"互联网＋"行动，实行包容审慎监管，推动大数据、云计算、物联网的广泛应用，新兴产业的蓬勃发展，以及传统产业的深刻重塑。

2019 年出台的《数字乡村发展战略纲要》将发展农村数字经济作为重点任务，加快建设农村信息基础设施，推进线上线下融合的现代农业，进一步发挥信息化在乡村振兴中的巨大潜力，促进农业全面升级、农村全面进步、农民全面发展。

2020 年出台的《中共中央　国务院关于构建更加完善的要素市场化配置体制机制的意见》首次将数据作为一种新型生产要素，提出推进政府数据开放共享，提升社会数据资源价值，加强数据资源整合和安全保护。

从总体上看，中国信息化政策体系是比较健全的，体现出国家对发展数字经济的决心之大、信心之足和期望之高。更为重要的是，中国的制度优势有利于凝聚全国共识，使政策迅速落地生根，形成自上而下和自下而上推动数字经济发展的大国合力。

数字经济是真正面向未来的经济形态。中国的数字经济已经扬帆起航，正在引领经济增长从低起点高速追赶，走向高水平稳健超越；供给结构从中低端增量扩能，走向中高端供给优化；动力引擎从密集的要素投入，走向持续的创新驱动；技术产业从模仿式跟跑、并跑，走向自主型并跑、领跑，为最终实现经济发展方式的根本性转变提供了强大的引擎。我们要以 2020 年为新的起点，一方面继续推动数字经济自身向纵深发展，另一方面充分激发数字经济与传统产业的"化学反应""连锁反应"，为增强我国经济活力和推动实现高质量发展而努力。"十四五"时期是我国"两个一百年"奋斗目标的历史交汇期，也是全面开启社会主义现代化强国建设新征程的重要机遇期。在数字化程度日益加深的世界，数字经济无疑将成为"十四五"时期乃至中长期内我国形成新发展格局中的重要力量和国际竞争的新战场。

1.2.3　全球数字化的战略远见

1. 全球数字化的战略部署和特征

1）全球数字化的战略部署

数字经济基于新一代信息技术，孕育全新的商业模式和经济活动，并对传统经济进行渗透补充和转型升级。经济合作与发展组织（Organization for Economic Co-operation and Development，OECD）发布的《OECD 数字经济展望 2017》显示，收到问卷调查的 32 个 OECD 国家和 6 个伙伴经济体都有数字经济相关的战略、议程或项目出台，其中1/3 是单独的数字战略，剩下的 2/3 作为国家整体战略的组成部分出现。从数字经济体量分别排名第一和第二的美国和中国看，美国早在 1999 年就成立了网络与信息技术研究与发展计划，布局了计算机、网络和软件的科研计划；中国也于 2006 年发布了《国家信息化发展战略》，把推动数字经济发展作为国家战略，不断推动数字经济发展。全球数字经济呈现出蓬勃发展之势，2017 年美国数字经济规模占美国 GDP 的 57%，驱动能力强，位列全球第一；中国数字经济规模占中国 GDP 的 32.9%。全球数字经济发展生态指数排名如表 1-2 所示。

表 1-2　全球数字经济发展生态指数排名

排　　名	国家／地区	总指数	排　　名	国家／地区	总指数
1	美国	0.837	39	斯洛文尼亚	0.440
2	中国	0.718	40	巴林	0.435
3	英国	0.694	41	土耳其	0.430
4	韩国	0.621	42	阿根廷	0.421
5	瑞典	0.618	43	印度	0.420
6	挪威	0.617	44	南非	0.418
7	日本	0.615	45	智利	0.413
8	丹麦	0.612	46	泰国	0.411
9	新加坡	0.609	47	匈牙利	0.409
10	荷兰	0.606	48	捷克	0.407
11	芬兰	0.595	49	拉脱维亚	0.399
12	加拿大	0.590	50	沙特阿拉伯	0.398
13	德国	0.587	51	黑山	0.396
14	新西兰	0.586	52	塞浦路斯	0.395
15	澳大利亚	0.584	53	乌拉圭	0.395
16	奥地利	0.567	54	印度尼西亚	0.391
17	瑞士	0.564	55	斯洛伐克	0.391
18	法国	0.557	56	阿塞拜疆	0.390
19	比利时	0.536	57	克罗地亚	0.389
20	西班牙	0.518	58	保加利亚	0.389
21	阿联酋	0.490	59	秘鲁	0.387
22	中国香港	0.484	60	塞尔维亚	0.383
23	爱沙尼亚	0.479	61	哥斯达黎加	0.379
24	意大利	0.477	62	希腊	0.379
25	卢森堡	0.475	63	菲律宾	0.376
26	爱尔兰	0.475	64	格鲁吉亚	0.374
27	以色列	0.473	65	罗马尼亚	0.373
28	波兰	0.468	66	哥伦比亚	0.368
29	墨西哥	0.466	67	越南	0.367
30	冰岛	0.464	68	阿尔巴尼亚	0.357
31	巴西	0.459	69	科威特	0.355
32	马来西亚	0.459	70	马其顿	0.353
33	卡塔尔	0.455	71	亚美尼亚	0.349
34	立陶宛	0.454	72	哈萨克斯坦	0.349
35	马耳他	0.453	73	毛里塔尼亚	0.347
36	葡萄牙	0.452	74	乌克兰	0.346
37	中国台湾	0.446	75	阿曼	0.346
38	俄罗斯	0.446	76	厄瓜多尔	0.343

资料来源：《2018 年全球数字经济发展指数》，阿里研究院，2018.

在全球的数字经济发展中，数字经济的发展指数与国家或地区的人均 GDP 呈现高度相关性。人均 GDP 超过 1.2 万美元的国家或地区有美国、英国、日本、韩国、西班牙等，其数字经济发展指数均超过 0.4，明显高于人均 GDP 低于 1.2 万美元的国家或地区。

2）全球数字化的特征

纵观全球数字经济的发展，主要表现出如下三大特征。

（1）平台支撑。平台是数字经济的"新物种"。"云－网－端"替代"铁－公－机"，成为全新的基础设施，创造了全新的市场环境、商业环境、经济环境和社会环境。上一轮数字化浪潮由公司驱动，通过大规模的信息系统投资，完成了公司的数字化，大大提升了公司的运营效率和管理半径。平台的出现则推动了整个社会的数字化，为个体、小微企业提供可负担的、世界级的数字基础设施，在极大程度上释放了个体、小微企业的潜力。整个社会的信息成本大幅度下降，公司信用不再与规模直接挂钩，直接促成了大规模协作的形成。

（2）数据驱动。数据是数字经济的"新能源"，是数字经济最重要的特征。在上一轮信息化浪潮中，业务流程高度数字化，数据在公司内部实现了高效采集与储存。数据作为支持性工具，帮助公司实现全球业务可查、可控、可追溯。平台的出现，使数据的流动和共享成为可能，加之人工智能等新技术的应用，显著提升了数据挖掘的广度、深度和速度。

（3）普惠共享。普惠共享是数字经济的"新价值"。数字经济"人人参与、共建共享"的特点，实现了普惠科技、普惠金融和普惠贸易。在科技领域，以云计算为代表的按需服务业务形态，使个人及各类企业可以用很低的成本轻松获得所需要的计算、存储和网络资源，而不再需要购买昂贵的软硬件产品和网络设备。在金融领域，以互联网信用为基础的新型大数据信用评分模型，让更多的个体享受到适合各自风险特质的金融信贷服务。在贸易领域，各类贸易主体都能参与全球贸易并从中获利，贸易秩序也将更加公平公正。

2. 世界数字化的发展现状和问题

当前，世界各国都陆续布局"押注"数字经济，但是当下的数字经济也面临诸多的问题。在技术、人才、安全、体制等方面都有着不小的挑战。初步调查发现，世界数字化的发展现状和问题主要表现在如下几个方面。

1）扩张由数字数据和数字平台推动

数字经济持续高速发展，得益于互联网技术收集、使用和分析大量几乎任何方面的机器可读信息（数字数据）的能力。一个全新的"数据价值链"已经诞生，包括支持收集数据、洞察数据、存储数据、分析和建模的公司。一旦数据转化为数字智能，并通过商业用途货币化，就会创造价值。数字平台提供了使各方聚集在一起进行在线交互的机制。在过去10年，世界各地出现了大量使用数据驱动型商业模式的数字平台，它们已成为主要数字公司（如亚马逊、阿里巴巴、Facebook和eBay）及支持行业数字化的公司（如滴滴出行或Airbnb）的核心商业模式，全球市值前8位的公司中有7家采用基于数字平台的商业模式，它们的利益和行为很大程度上取决于如何通过数据货币化来创造收入。

2）数字经济的发展在地理分布上非常不平衡

美国和中国在数字经济发展中处于领先地位。这两个国家占区块链技术相关专利的75%，占全球物联网支出的50%，占全球公共云计算市场的75%以上。美国和中国占全球前70个最大数字平台市值的90%，而欧洲的份额为4%，非洲和拉丁美洲的总份额仅为1%。发展数字经济已成为全球共识，但强者愈强和"换道超车"将长期并存。其他地区尤其是非洲和拉丁美洲，其数字技术的发展远远落后于美国和中国。从世界范围来看，新技术的不断涌现，会加剧地区之间的数字鸿沟，这一问题如果不加以解决，这种分化将加剧现有的收入不平等问题。政府需要与其他利益相关者进行密切对话，通过制定规则来塑造数字经济。这反过来也要求政府合理地理解预期的数字化未来，决策者需要做出选择，以扭转当前数字经济带来的不断扩大的不平等和权力失衡的趋势。发展共同体需要探索更加全面的方案来支持数字经济中的落后国家。

3）数字经济的价值日益凸显

数字经济的扩张创造了许多新的经济机会，数字化可以帮助改善经济和社会效益，并成为创新和生产力增长的动力。此外，数字化正在以不同的方式转变价值链，并为附加值和更广泛的结构变革开辟新的渠道。数字经济的规模预计将占世界 GDP 的 4.5% ～ 15.5%。数字平台促进了交易、社交和信息交换，其在世界经济中越来越重要。一些全球数字平台取得了非常强大的市场地位，如谷歌占大约 90% 的互联网搜索市场，阿里巴巴占近 60% 的中国电子商务市场。

4）数字时代需要更新竞争和税收政策

鉴于网络效应和数字经济中市场集中的趋势，竞争政策必须在创造和获取价值的背景下发挥更重要的作用。政府需要对现有框架进行调整，在数字时代提供可竞争的市场。为了使竞争法可以更有效地监管数字经济的主导参与者，政府可以采取不同的方法，如明确定义相关市场、评估可能的滥用市场支配地位、更新合并审查工具。税收是价值获取的另一个关键问题，各国正在重新思考如何分配税收权利，以防止在快速发展的数字经济中对主要数字平台征税不足的可能性。目前，在 OECD 的主持下，各国正在审查不同的征税备选方案，有望在不久的将来达成共识。

5）各国要鼓励和规范数字经济的发展

政府要对数字经济创造和获取价值做好准备。确保实现价格合理和可靠的网络连接对于在数字经济中创造和获取价值至关重要，但这仍然是许多不发达国家面临的主要挑战，特别是在农村和偏远地区。在大多数发展中国家，市场机会尤其可能存在于本地或区域数字商品和服务市场中。政府可以制定政策激励区域内的不同集群，并通过政策空间来规范数字经济。另外，还可通过加强援助、共同创造有利环境等，确保发展中国家的充分参与，促进数据驱动在数字经济中创造和获取价值，在全球范围内缩小数字鸿沟。

3. 中国数字化的发展现状和机遇

2017 年，我国数字经济规模达 27.2 万亿元，同比增长 20.3%，占

GDP 的比重达到 32.9%。2018 年，我国数字经济规模达到 31.3 万亿元，按可比口径计算，名义增长 20.9%，占 GDP 的比重为 34.8%，占比同比提升 1.9 个百分点。2019 年，我国数字经济增加值规模达到 35.8 万亿元，占 GDP 的比重达到 36.2%，占比同比提升 1.4 个百分点，按照可比口径计算，2019 年我国数字经济名义增长 15.6%，高于同期 GDP 名义增速约 7.85 个百分点，数字经济在国民经济中的地位进一步凸显。

2002—2019 年中国数字经济规模及占 GDP 的比重如图 1-3 所示。

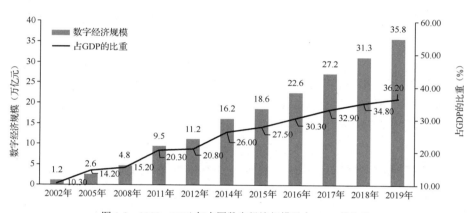

图 1-3　2002—2019 年中国数字经济规模及占 GDP 的比重

资料来源：前瞻产业研究院。

1）中国已进入数字经济时代，数字产业化之路仍很长

如何定义一个经济体进入了数字经济时代？从学理逻辑看，就是该经济体形成了以数字产业化为动力主体、以产业数字化为融合实体的经济体系。从经济指标看，就是该经济体中数字成为创造经济增加值的核心生产要素。基于我国数字经济规模及占 GDP 的比重，可以认为，我国已进入数字经济时代，发展数字经济的条件基本成熟。

但是，我国数字经济的短板也很明显。目前我国的数字经济主要解决产业数字化问题，通过数字化为产业解决渠道、融资、信息传递等问题。当前，我国的数据分析技术、数字科技创新、工业互联网、AI 促进制造业创新等方面才刚刚起步，数字本身能够创造的价值还没有充分显现出来，原因是底层基础设施系统的建设问题还没有完全解决。例如，支撑数据交互、数据管理、数据治理等功能的基础平台做得还不够好；以 5G 为代表的基础设施体系建设才刚起步，数字治理体系尚不健全，数字创新的知识产权保护仍处于探索初期。

2）数字经济创造了新就业，未来还要解决就业结构问题

2020 年的新冠肺炎疫情催生了 AI 训练师等新职业，加速了云办公、云教育等新业态的成长，创造了新岗位。正是这些新业态和新岗位的发展，能够让几亿人在疫情期间足不出户就能满足生存和生活的需要，而且没有出现重大社会问题。这充分体现了数字经济的强大魅力，这是人类发展史上的奇迹。这次疫情让数字产业抓住了机遇，实现转危为机和拐点突破。特别是我国的数字产业利用这次契机，改变了生产者和消费者的传统生产和消费习惯，经过疫情期间几个月的适应，人们目前已经在虚拟生产和生活方式上形成了新的轨迹。新业态和新岗位主体上仍属于人和组织的生活空间和生存空间的迁移，从物理世界迁移到虚拟世界，虽有就业增量，但更多的是存量的流动。要解决好当前面临的就业压力，关键是通过数字经济发展使智能制造业和数字服务业的发展空间得到充分释放，实现产业在空间上的重新布局，从根本上解决就业结构问题。例如，让大学生去三四线城市，去农村城镇，享受与一二线城市的人同等的社会服务，让越来越多的年轻人有机会使用数据、物联网、互联网，平等地利用各类生产要素，实现就业带动创业。

3）数字经济拉动部分消费需求，未来还应促进消费升级

消费作为拉动经济增长的"三驾马车"之一，在我国具有特殊意义。作为外向依赖度很高的国家，我国要走出外向依赖，需要激活内需，而我国的 14 亿人口又是世界上依靠消费需求拉动经济发展的最好市场。因此，数字经济是推进消费方式、刺激消费需求的良好方式和手段。目前，数字经济的主要贡献点就在消费业。数字技术的发展，让人们的消费方式发生了翻天覆地的变化，拉动了虚拟市场的消费，激发了网上市场的需求。但必须明确的是，线上需求与线下需求之间不是完全的互补关系，还有替代关系，大部分需求只是从线下转移到了线上而已。

数字经济对消费结构升级的影响是一把"双刃剑"。例如，相当一段

时间内，电子商务的发展让假冒伪劣商品得以混杂其中，让市场陷入完全价格竞争的格局，"网红经济"又刺激了非理性消费的产生。在这种情况下，数字技术的发展并未促进消费升级，反而影响了消费升级的步伐。目前数字经济的贡献还是以消费和渠道赋能为主，只有为供给侧提供强大的赋能，推动全新的生产方式变革，数字经济在制造业的贡献潜力才能真正激发出来。

4. 数字经济需要大量专业人才，高校培养要尊重需求

2020 年，中共中央、国务院发布了《关于构建更加完善的要素市场化配置体制机制的意见》，明确提出要培育数字经济新产业、新业态和新模式。这具有重大战略意义，是我国在生产要素市场制度改革的一座里程碑。很多人寄希望于数字要素市场能创造巨大的人才需求市场，但要理性地从数字经济与实体经济融合发展的角度看待人才缺口。与世界上大多数国家一样，我国的产业数字化和数字产业化的发展是市场驱动的结果，不是政府行政指令的结果。当前全国各类高校都在培养数字人才，但需要注意的是，高校人才培养要尊重企业长远发展的需求。

5. 中美数字化的对比分析和经验借鉴

1）中美数字化的对比分析

目前，世界数字经济发展形成了美国与中国两强并立的格局，美国与中国的数字经济规模占世界总量的 48%（美国占 35%，中国占 13%），分别列居世界第一位和第二位，两国集中了世界数据中心的 42%（美国占 40%，中国占 2%），区块链相关专利的 75%（美国占 25%，中国占 50%），物联网全球支出的 50%（美国占 26%，中国占 24%），云计算市场的 75% 以上（美国占 69.1%，中国占 7.7%），世界上最大的 70 个数字平台市场资本化价值的 90%（美国占 68%，中国占 22%），人工智能专利数量的 60%（美国占 30%，中国占 30%），3D 打印领域投入的 50%（美国占 36%，中国占 14%），ICT 服务业附加值的 43%（美国占 32%，中国占 11%），ICT 制造业附加值的 51%（美国占 19%，中国占 32%），ICT 货物贸易出口额的 42%（美国占 4%，中国占 38%）。在 CB Ingsight 公布的 2019 年独角兽企业名单中，全球共有独角兽企业 391 家，估值总额

12 134.6 亿美元。其中，美国独角兽企业 192 家，估值总额达 6 035.6 亿
美元，企业数量和估值总额分别占世界总数的 49.1% 和 49.7%；中国独
角兽企业 96 家，估值总额达 3 539.7 亿美元，企业数量和估值总额分别
占世界总数的 24.6% 和 29.2%；排名第三位的国家的独角兽企业数量和
估值额仅占世界的 5% 左右。"两强并立"的数字经济格局与中美两国的
经济地位和巨大的人口规模是一致的。中美两国的数字经济相关要素
的对比如图 1-4 所示。

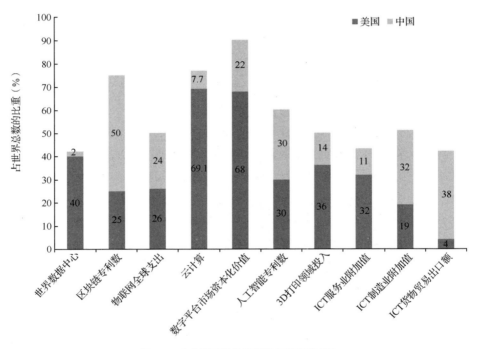

图 1-4　中美两国的数字经济相关要素对比

美国路径：高频度创新，产品全球化。美国的数字经济发展指数排名
全球第一，其高频创新及产品全球化路径帮助其数字经济发展超越其他
发达国家。美国的数字科研和数字产业生态均排名全球第一，其信息技
术领域基础性研究、应用型专利和技术的商业转化能力均全球领先。自
20 世纪 90 年代互联网商业化以来，全球主要的技术、商业创新，几乎都
是从美国开始的。数字技术进一步打破了距离、空间、时间的限制，美
国公司的全球化能力被放大至极致。在全球十大互联网科技公司中，美

国独占七席。作为全球最发达的经济体之一，美国的产业发展成熟，基础设施配套完善，数字技术带来了全社会有序、渐进的改良。特别值得注意的是，美国的数字经济发展是由互联网巨头和传统行业巨头双轮驱动的。传统行业巨头经过几十年持续的信息管理系统投资，积累了很强的数字能力，在消费者洞察等特定领域甚至领先互联网公司。

中国路径：用户数字化，产业生态化。从全球看，中国数字经济的发展有自身的优势，中国政府长期以来高度重视基础设施的建设，中国的产业配套能力比较强，数字技术和实体经济的融合需要很多产业配套。特别是，中国有包括4亿多中等收入群体在内的14亿人口形成的超大规模内需市场，容易形成规模经济，人口规模优势在中国数字经济的发展中发挥了重要的作用，这也是很多国家做不到的。中国的人均GDP名列全球第64位，而数字经济发展指数排名全球第二位。中国走出了一条独特的"用户数字化，产业生态化"的发展道路。中国拥有独特的数字消费者群体，不仅消费者数量庞大，各种数字应用渗透率都位居世界前列，数字消费者指数排名全球第一。庞大的消费者群体，使长尾市场的定制化需求得以生长，各互联网公司尽力满足消费者个性化、多变的需求。中国的互联网公司采用了独特的生态战略，全场景与消费者沟通，使用社会化的方式完成产品、服务的生产和提供，数字产业生态排名全球第二位。中国的总体科研水平并不突出，但是在数字经济相关的大数据、人工智能等领域，依托海量数字化消费者的独特场景，实现了快速发展。但是和众多发展中国家相似，中国部分行业成熟度较低，许多需求无法被传统行业满足。数字经济提供了创造性的解决方案，直击消费者痛点，从而实现了跨越式发展。

2）美国经验对中国的借鉴

美国和中国是数字经济的两大巨头，在世界上具有重要的影响力和辐射力，两国数字经济发展的方向和路径有所不同，美国数字经济的发展经验对中国有一定的借鉴和参考作用，主要表现在如下几个方面。

（1）基础设施建设。基础设施是数字经济发展的根本支撑。美国在基础设施建设方面的投入力度很大，主要表现在三个方面。第一，高速宽带方面。美国持续扩大宽带基础设施的覆盖面，通过《美国经济复苏法案》拨付 70 亿美元,建设了大量公共计算机服务中心,延伸至农村地区,特别重视教育、社区、学校、图书馆等的互联网接入能力。第二,无线网络方面。支持无线基础设施建设的相关法案已经通过,建设资金已到位,为了强化智能手机和无线设备的应用,美国计划在十年内建成更多可用的电波,让 98% 以上的民众能够获得高速的无线网络服务。第三,智能电网方面。美国在清洁能源领域非常重视电力技术。借助《美国经济复苏法案》,美国已在电力传输和能源可靠性现代化等项目上投入了 45 亿美元,助推智能电网的发展。

（2）互联网布局。美国建立了健全的促进互联网经济发展的政策体系,从总体上看,美国互联网产业布局呈现两个特点:一是在互联网前沿技术方面,高度重视知识产权,在核心和关键领域已形成专利体系;二是重视将互联网应用到生产生活的各个领域,推动企业在工业互联网、能源互联网等方面确立技术标准,并力争保持领先地位。

（3）云计算战略。美国在云计算概念诞生不久,就开始在这方面进行战略布局。2009 年美国成立云计算工作组,发布了以《联邦云计算发展战略》为核心的政策体系。2010 年美国发布《改革联邦 IT 管理的 25 点实施计划》,提出联邦政府 IT 项目要转向“云优先政策”。在云计算标准领域,美国国家标准技术研究院已发布《SP 500 － 291 云计算标准路线图》《SP 500 － 292 云计算参考架构》等多项特殊出版物及草案,其中云计算定义和参考架构已被业界广泛接受。美国国家标准技术研究院发布的《SP 500 － 299 NIST 云计算安全参考框架（NCC － SRA）》已成为云计算产业的重要标准。在云计算服务方面,亚马逊、微软、IBM 已经成为全球领先的云计算服务提供商,在云计算方面具有难以撼动的地位。

（4）大数据战略。2009 年美国提出“大数据”战略,对大数据领域进行了超前布局,奥巴马上任伊始,就推出 Data.gov 大数据平台,依照原始数据、地理数据和数据工具三个门类,公布了大量数据,并汇集了 1 000 多个应用程序和软件工具、100 多个手机应用插件。同时,美国还成立了数字服务创新中心,开发了 Sites.USA.Gov 网站,帮助各机构建设即插即用型网站,并出台移动应用程序开发项目,帮助各机构对移动应用程序进行规划、测试、开发和发布。2012 年,美国政府推出了“大数据计划"，将大数据上升为国家战略。2014年，美国总统办公室发布了《大数据：抓住机遇、保存价值》白皮书，提出了大数据发展的一系列政策。2016年，美国发布了《联邦大数据研发战略计划》，补充了2012年的"大数据计划"。2016年以来，在美国大数据政策的刺激下，大数据产业迅猛发展，产生了诸多拥有核心技术的大数据公司，继续引领全世界大数据产业链的发展。

（5）政府公开数据。美国政府掌握着充足的数据，是大数据的主要来源。为使数据能够得到更深层次的应用，奥巴马签署了《透明与公开政府备忘录》，并通过设立奖金等形式，推动公众通过数据挖掘来发现和解决潜在问题。同时，美国提出"公开信息"倡议，放开信息管制，鼓励企业利用公开数据，为社会创造更多的财富和工作岗位。例如，美国在20世纪90年代就已开放气象数据，继而开放了全球定位系统数据。近年来，美国健康数据共享获得成功，目前正在尝试开放能源、教育和公共安全等方面的数据。

（6）知识产权保护。美国高度重视保护互联网产业的技术研发、专利和知识产权，并已在核心和关键领域形成专利体系。例如，2015年美国IBM公司共申请7 355项专利，连续23年蝉联专利冠军；高通、谷歌、英特尔、微软等互联网企业也纷纷进入专利申请的前十名。同年，IBM和高通在我国的专利申请量均超过1万件，成为我国专利申请前十名的互联网企业。另外，在虚拟现实、人工智能等领域，目前美国均已掌握关键核心技术，并通过知识产权战略，占领了发展制高点。同时，美国积极推动专利体系的现代化发展。2011年，美国批准了《美国发明法案》，强调完善的知识产权保护制度对促进生物技术、信息技术、互联网及先进制造业发展的推动作用。同时，美国专利与申请办公室加快审批程序，使专利申请能够在一年内完成，并给予小企业50%的折扣，这种方法使3 502家公司、超过1 278家小企业快速将技术转化为市场产品，该程序启动后7个月内就完成了101项专利申请，每项专利的平均等候时间只有117.3天。

1.3　数字经济面临的新形势

1.3.1　万物互联构筑数字经济发展的基本空间

互联网代表了一种新的经济形态，"互联网＋"强调的是连接，是互联网对其他行业提升激活、创新赋能的价值迸发；而数字经济呈现的则是全面连接之后的产出和效益，所以"互联网＋"是手段，数字经济是结果。数字经济的概念与"互联网＋"战略的主题思想是一脉相承的。经历了互联网、移动互联网之后，信息网络逐渐突破传统信息处理终端和传输方式的限制，正在大幅度向更广、更快、更深的方向发展，网络的覆盖领域更大，连接的终端更多，进入人、机、物相互连接的新时代，即物联网时代。物联网正在快速渗透到各个领域，越来越多的设备、车辆、终端等被纳入信息网络之中。同时，信息基础设施加快向超高速升级换代，光纤宽带成为主流接入方式。在信息通信技术的持续演进下，泛在、高速连接使网络的获得更加多样化，网络应用更加多元化，以"万物互联"为突出特征的数字经济基础设施正在形成。

万物互联的关键是信息网络的质量，5G具有大容量、低时延的特性，将极大地推动移动互联网的应用生态革新，驱动基于大型移动设备如智能网联汽车、机器人、无人机的网络应用创新。数字经济以现代信息网络为重要载体，随着网络通信技术的不断升级、优化，得到了长足发展。我国移动电话普及率、互联网普及率都低于发达国家的水平，主要是因为发展不均衡，区域和城乡差别大，亟须进一步做好普遍服务，降低使用成本，让全民用得上、用得起。2020年是我国5G发展的关键年份，5G通信技术正在加快建设，随着5G技术在数字经济中的深入融合，多种形态的数字经济发展将带来更多机遇。作为一种新型基础设施，5G对经济的影响不可忽视，电信企业要及时评估疫情的影响，制订和优化5G网络建设计划，加快5G特别是独立组网建设的步伐，切实发挥5G建设对"稳投资"、带动产业链发展的积极作用。随着5G基站的搭建越来越完善，5G技术的商用也进一步铺开，数字经济将迎来发展新态势。到2020年，中国或将成为全球最大的5G市场，按照产业间的关联关系测算，到 2025 年，5G 间接拉动的 GDP 将达到 2.1 万亿元；到 2030 年，5G 间接拉动的 GDP 将增长到 3.6 万亿元。2020—2030 年，5G 间接拉动的 GDP 年均复合增长率将达到 24%。

1.3.2　海量数据组成数字经济的关键生产要素

数字经济时代，数据成为新的生产要素，是基础性资源和战略性资源，也是重要的生产力。伴随着互联网特别是产业互联网的普及和应用，数字资源正在互联网中加速产生、传播和应用。在此背景下，数据作为新生产要素的重要作用日益凸显，数据的开放、共享和应用将进一步优化资源配置和使用效率，提高资源、资本、人才全要素的生产率。全球化发展正从以国际金融驱动为特征的 2.0 版本步入以数据要素为主要驱动力的 3.0 版本，谁掌握了数据、利用好数据，谁就能够在互联网应用创新上取得突破，谁就能在全球数字经济竞争中占得先机。数据显示，2018 年我国大数据产业规模突破 6 000 亿元。随着大数据在各行业的融合应用不断深化，2019 年中国大数据市场产值达到 8 500 亿元。数字经济与大数据技术的融合，将实现更多的应用。未来，大数据技术应用将进一步加深。

数字经济的发展离不开数据，数据作为数字经济最核心的资源，释放数据红利可以为数字经济创造新的发展机会，数据要素能否真正发挥作用的关键在于市场化配置。首先，市场化配置能够提高效率，保证数据能够流转到最需要的地方，由最合适的人或机构挖掘并发挥数据的价值。其次，市场化配置有助于优化数据价值的分配机制，数据的产权可以得到规范，各方都能获得应有的收益，数据的价值和安全能够得到有效的保护。如果说数据要素是石油，那么新基建就是油井和石油管道，数据智能就是炼油的技术和设备，数据智能引擎把资源加工成可使用的、高价值的产品和服务。作为驱动引擎，一方面，数据智能不只是单点的技术，而是一套融合了大数据、云计算、人工智能、物联网等多种技术，应用于海量的结构化的数据处理、分析和决策的综合技术体系。另一方面，数据智能是连接物理世界和数字世界的智能应用体系，包含人机智能交互、自动化知识构建、知识抽取、知识服务、机器辅助决策等。通过这个引擎把基础设施连接起来，让数据的价值真正发挥出来，从而驱动数字经济高效运转。

1.3.3　云计算成为数字经济的新型基础设施

云计算作为基础架构，本质上是一种基于网络的分布式存储与计算模式，其计算资源（包括计算能力、存储能力、交互能力等）虚拟、动态、可伸缩，可为计算密集型大数据提供 IT 架构支撑。云计算作为新型基础设施的核心环节，是互联网、大数据、人工智能等新技术的关键底座，是驱动新一轮数字经济的核心驱动力。云计算的普及应用，降低了 IT 设施的建设和运维成本，提升了 IT 设施的承载能力，加快了设备接入和系统部署的步伐，已经成为推动传统产业数字化转型、支撑数字经济发展的重要力量。云将重新定义智慧，开启从解放体力劳动到解放脑力劳动的转变，促进数字红利的充分释放。我国云计算产业呈现出稳健发展的态势，2019 年云计算整体市场规模已经达到 1 334 亿元，其中公有云市场规模达到 689 亿元，私有云市场规模达到 645 亿元，预计未来四年仍将保持快速增长的态势。"用云量"将成为衡量经济发展的新指标。

1.3.4　人工智能成为数字经济发展的重要引擎

从全球发展态势来看，人工智能的影响将超越科学研究、产业发展的范畴，从技术体系、产业结构、商业模式等方面带来全新的技术手段和发展理念，促进经济社会的全面进步。人工智能将重构生产、分配、交换、消费等经济活动各环节，形成从宏观到微观各领域的智能化新需求，进而引发链式突破，推动社会生产和消费从工业化向自动化、智能化转变，促进社会生产力大幅提升，劳动生产率将再次获得大飞跃。同时，人工智能正加速渗透到金融、交通、医疗、教育、养老等领域，可极大地提高行业服务的精准化、便利化水平，全面提升人们的生活品质，提升社会运行的稳定度。我国政府高度重视人工智能的技术进步和产业发展，人工智能已上升为国家战略。随着人工智能技术的逐渐成熟，以及科技、制造业等业界巨头布局的深入，人工智能的应用场景不断扩展。从市场规模来看，自 2015 年开始，中国人工智能的市场规模逐年攀升。数据显示，2018 年中国人工智能市场规模约为 339 亿元，增长率达到 56.2%。

1.3.5　区块链赋予数字经济实现价值最大化

实践证明，区块链技术已成为产业数字化过程中重要的基础能力之一。区块链技术的应用将使万物互联的世界更加有序、高效，并能够有效地解决信息披露不完善、信任成本高等难题。区块链作为"信任的机器"，改变了整个人类社会价值的传递方式。区块链不仅是数字经济的重要驱动力，也是推动构建未来数字社会和数字中国的重要力量，区块链记账技术在短短的十年里逐步渗透到经济社会的多个领域，进而引发了产业创新和再造。从长远看，区块链的理念和技术将进一步与 5G、工业互联网、数字货币、数字身份等新型数字经济基础设施融合，成为促进数字经济发展的共性技术。

作为一种全新的技术手段，区块链是分布式数据存储、点对点传输、共识机制、加密算法等计算机技术在互联网时代的创新应用模式，是一种去中心化、不可篡改、可追溯的分布式账本。在过去的十年里，区块链技术在金融领域取得了革命性的成果，与此同时，在金融以外更加广泛的领域不断创新发展，并正在从制造业向医疗健康、交通物流、工业互联网等经济社会诸多领域逐渐扩展延伸。不过，任何一项新技术从创新到成熟都需要一个过程。区块链当前还处于初级发展阶段，无论在技术上还是在商业上都不成熟。从技术角度看，种类有限的共识机制、容量有限的区块导致网络拥堵，分布式系统缺乏有效的调整机制，以及专门面向区块链的数据库系统仍不成熟等问题依然存在。区块链产业要想进一步突破创新瓶颈，从根本上来讲离不开技术、商业和场景这三个方面的深入融合创新。因此，一方面要不断强化区块链技术与各类应用场景的紧密结合，另一方面要加强区块链应用领域复合型人才的培养，与此同时还要促进产业主体的协调合作，探索搭建政府与市场之间的政策传导和信息反馈桥梁，深化政府和企业多层面合作机制，并通过行业协会、联盟、产学研融合机构等平台，推动产业链上下游主体的联动与合作，加快产业整体的商业化进程，进而形成有效的商业价值闭环，带动整个产业生态的良性创新发展。

"区块链+工业互联网"构建数字经济新空间。在平台支撑上，工业互联网平台是实体经济全要素的连接枢纽、资源配置中心和智能制造大脑。基于区块链的工业互联网基础设施，将能构建多方共治、公平可信、智能运作的数字经济新空间。工业互联网在助推实体经济转型升级的过程中同样具有较大的作用，一是构筑新生产领域的网络基础设施，二是打造工业互联网新生产要素——数据，三是为经济发展培育新增长点，四是为经济发展构筑融合型产业体系。短期看，工业互联网连接规模变大，端到端的连接和交易也将更加频繁，需要通过区块链将产业链上下游之间的数据上链，有助于实现核心企业生态内共享、工业企业间互信共享、工业互联网平台间价值共享，利用区块链技术为工业"网络化生产"推进中遇到的生产协同、工业安全、信息共享、资源融合、柔性监管等挑战提供相应的解决方案。

1.3.6　"融合发展"成为数字经济发展的主战场

在全球经济放缓、增长乏力的背景下，以推动互联网、大数据、人工智能与实体经济深度融合为特征的新一轮科技革命和产业变革应运而生，数字经济因其在提升全要素生产率、促进传统产业提质增效方面的显著作用，被国际社会公认为是开辟经济增长新源泉、全球经济走向复苏的新依托，将成为全球经济增长新动能。当前，随着信息技术的持续演进和全面创新，数字经济正逐渐广泛融合渗透到传统产业之中，驱动农业、工业和服务业数字化转型升级，引发各领域、各行业的业务形态变革和产业结构调整。伴随着工业互联网的广泛部署，以及大数据、云计算、人工智能等新一代信息技术的成熟应用，未来传统产业必将迎来数字化驱动的转型升级热潮，数字化融合创新将成为全球数字经济发展的主战场，成为刺激新一轮世界经济复苏的新动能。

1.3.7　新基建为数字经济发展全新赋能

新型基础设施建设以来，受到社会各界的广泛关注，新基建的核心是数字基建，是围绕未来数字经济及数字化生产生活和商业创新建设的数字化基础设施建设，不仅包含新型数字基础设施建设，还包括对传统基础设施的数字化改造。短期来看，新基建将起到稳投资、促消费、增就业的作用；长期来看，新基建的发展将对国家治理能力的现代化起到较大作用。当前对新基建的范畴划定尚处于探索阶段，有不断拓展的空间，但主线应该聚焦在数字类基础设施的建设上。2020 年 4 月 20 日，国家发展改革委相关负责人明确表示，新型基础设施应该是提供数字转型、智能升级、融合创新等服务的基础设施体系。据统计，历次中央权威会议明确提出的新基建都是数字类基础设施建设，包括 5G、数据中心、人工智能、工业互联网、物联网等。数据是一种新型生产要素，新基建的一个共同特点正是围绕数据这个核心生产要素的感知、采集、传输、存储、计算、分析和应用，进行技术经济活动、资源配置和制度安排。

数字经济是新基建的市场基础，也是新基建的需求来源。产业互联网是数字经济发展的高级阶段，是新基建的市场先锋军，为新基建的主攻方向勾勒了初步的轮廓。新基建是"数字土壤"，是"底座"，将为数字经济和产业互联网持续发展、新业态新模式培育和数字中国建设夯实基础。实际上，不只人工智能，在 5G、数据中心、工业互联网、物联网、云计算等各个领域打造新型基础设施，都需要重视以平台思维去构建应用生态系统，需要汇聚应用需求、研发、集成、资本等各方，通过产业与金融、物流、交易市场、社交网络等生产性服务业的跨界融合，推动各行业、各领域的"上云、用数、赋智"和融合应用创新。因此，平台和生态思维是发展新基建乃至建设数字中国的必经之路。

1.3.8　平台经济是数字经济的重要类型

数字化平台的兴起，是 21 世纪最重要的商业事件之一。平台是一种为供需各方及相关主体提供连接、交互、匹配和价值创造的媒介组织，是一种基于数字化技术的新型资源配置方式。它正以空前的力量把人与人、人与物、物与物、服务与服务连接起来，给人们带来便利，给企业带来效率。通过平台，相隔千里的人们可以相互沟通、相互交易及进行高效分工、合作，并以前所未有的速度积累财富。对传统企业来讲，完成从企业创建到市值百亿元、千亿元通常需要几十年、上百年，而对平台企业来讲，这一过程可能只需短短几年。所以有人说："第一次工业革命做工厂，第二次工业革命做企业，第三次工业革命做平台。"

数字化平台是基于新一轮科技革命涌现的，以互联网、移动互联网、物联网、大数据、云计算、人工智能及智能设备等为支撑的平台，数字化平台的连接能力强，涉及范围广，运作效率高，拥有强大的网络效应，创造出了诸多前所未有的新功能和新价值。从全球看，世界各国或多或少都形成了本国的数字化平台，但能够形成全球影响力的数字化平台主要集中在美国、中国等少数国家。当前，中国平台的发展如火如荼，无论规模与影响还是创新力与活力都位居世界前列。究其原因，除了信息技术、数字技术、智能技术等深度应用，商业模式不断创新等因素，还有两点：第一，中国是世界人口大国、消费大国、制造业大国、资源大国，存在大量人、财、物等零散、闲散资源；第二，全社会供需之间的匹配程度并不太高，存在诸多痛点、难点和堵点。这些为平台在中国的兴起带来了巨大的机遇。

平台经济是基于数字化平台的经济活动和经济关系，是新经济的重要类型，平台化是数字经济时代最重要的趋势之一，不仅模糊了分工边界，深化了信息化和产业的融合，还促使价值创造由价值链向价值网络转变，推动了价值链升级。

平台经济从低到高包含四个层面：数字化平台、数字化平台企业、数字化平台生态系统、平台经济。其中，数字化平台是引擎，数字化平台企业是主体，数字化平台生态系统是载体，有着内在联系的数字化平台生态系统的整体构成平台经济。发展平台经济可大大改善全社会资源配置效率，催生诸多新业态和新企业，形成新的经济增长点，改善用户体验，增加大量就业，繁荣各类市场，促进国际国内贸易。平台经济类型丰富，包括电商平台经济、社交媒体平台经济、搜索引擎平台经济、金融互联网平台经济、交通出行平台经济、物流平台经济、工业互联网平台经济等。

平台经济正在深刻地改变着各国的产业格局，改变了人们的生产、生活及消费行为。平台经济为传统经济注入了新活力，推动了产业结构优化升级，在更大范围内实现了全球连接、全球流动，引领社会朝着智能化方向发展。平台经济不仅为中国经济注入了新的动能，也为中国经济在新一轮产业变革大潮中引领世界经济带来了助力。

作为新经济的一种重要形态，平台经济的发展需要适宜的环境，需要政府对新业态、新模式的支持。政府应高度重视平台经济发展和演变的趋势，结合打造制造强国、交通强国、网络强国、科技强国、贸易强国等战略，研究制定平台经济的发展战略和规划，明确其发展定位、目标、原则、主要任务和保障措施。要为平台经济的发展创造良好的营商环境，秉持"开放、包容、审慎"的态度，允许各种平台先行先试，明确其合法地位，为其市场准入创造宽松的环境。同时，平台要根据监管部门的要求，定期向监管部门报备数据的收集和利用情况。鼓励用户发挥社会监督作用，形成多方参与的社会共治体系和各类市场主体协同发展的良好局面。引导平台企业加强自身管理和行为规范，切实增强守法合规意识，强化服务社会经济发展和保障用户权益的社会责任感。健全行业自律与承诺机制，加强诚信体系和社会责任体系建设。近年来，平台经济在促进经济增长、产业升级、创造就业机会等方面都发挥了重要作用，成为新动能的重要组成部分。我国的平台经济已融入工业制造、零售、交通、物流、能源、金融等领域，其规模占 GDP 的 10% 左右。

1.3.9 数据智能开启数字经济效率革命

当前全球经济增速放缓，传统经济模式增长乏力，以数字经济为代表的新经济成为增长新动力。新冠肺炎疫情期间，政府、企业等都不同程度地认识到数字经济所发挥的效能，快速转变思维进行云招商、云签约、远程协同办公、在线教育等，线上应用快速普及，甚至向更广泛的社会生活领域渗透，成为一种普遍的生产生活方式。如果说科学革命的本质是科学思维方式的革命，那么此次疫情无疑开启了一场数字经济效率革命，让人们对数字世界的认识产生了质的飞跃，未来必然对社会经济发展产生巨大的影响。疫情之后，政务、医疗和教育等公共服务领域的数字化转型进程必将加快，企业从生产、供应链到销售等各个环节也都会加速应用数字技术。在支撑数字经济发展的背后，需要一整套从数据资源到基础设施再到数据智能引擎的推动数字经济发展的核心要素，形成新的增长模型，从政府治理和产业数字化两方面提升数字经济效率。

从政府层面来说，新冠肺炎疫情期间，数据智能在提升政府社会治理效率方面的表现十分亮眼，通过打通政务数据，实现了疫情防控的精准治理。一个公共事件的事前预警、事中反应和事后处置等各个环节，无不需要由数据和数据智能来提供高效服务。由此可见，城市问题最终都可以归结为城市有限的资源和有限的基础设施与公众不断提高的需求之间的矛盾，只有通过"城市大脑"来提高城市的运营效率，才能够解决城市的核心问题。数据智能通过建设"城市大脑"，汇集教育、医疗、旅游、交通、公共安全等领域的数据，形成统一的城市大数据平台，进而在这个平台上构建智慧城市的指挥控制中心，政府部门通过分析"城市大脑"的运行态势，可以更好地做集约化的管理和指挥调度，包括城市管理、生态环保、治安防控及政务服务等。从产业层面来说，如果说以前的产业数字化转型是"快与慢"的问题，那么疫情后的产业数字化转型则是"生与死"的问题，疫情将倒逼产业数字化进程，从内部改造到外部协同，从单点应用到全局优化，持续推动产业数字化、服务化升级。

可以预见，在新冠肺炎疫情过后，中国很可能成为主要经济体中极少数能够维持经济正增长的国家之一。未来，在政府治理方面，数据互联互通将成为提升国家治理能力的前提，治理手段现代化成为国家治理能力提升的关键工具。同时，线下产业线上化、工作协同模式线上化的趋势将加速，不同行业、不同企业的数字化转型进程将分化。总体来看，通过促进政府的数字化治理和产业的数字化转型，数据智能将卓有成效地引领数字经济效率革命。

1.4　数字经济面临的新问题

1.4.1　全产业链的数字化尚未打通

当前，企业数字化改造整体呈现"偏消费端"的特点，即"偏产业链后端"，企业自发行动，各自为战，没有形成生态思维、协同思维、平台思维，低层次重复建设，传统行业转型遭遇瓶颈，数字产业链不完整，无法形成数字闭环，数据的融合、流动、共享尚未打通。这些问题严重背离了数字经济跨界融合的特征，会影响整个产业链和供应链的数字化进程，畅通经济循环还存在诸多难点和痛点。

1.4.2　自然人的身份缺少政策支持

在数字经济时代，自然人成为重要参与者。数字经济提供了以前所不具备的技术手段，如大数据、信用体系及监管手段的改变，为商业活动准入门槛的降低创造了条件。自然人因此可以获得以前没有的权利。例如，自然人获得开网店和国际贸易的权利。但是，自然人在商事活动中获得的这两项基本权利，与目前的工商、税务和国际贸易管理方式及规则等并不适应。

1.4.3　数据权属问题应进一步规范

数字既是经济发展的手段，也是经济发展的生产资料。加快研究数字资产，充分挖掘数字资产的禀性，大力激活数字资产的多种功能，对运用数字资产为数字经济的发展服务来说至关重要。数据是数字经济的重要生产要素，但是个人、企业、政府等各方面的数据呈现多样化特点，如何分配、使用和保护数据价值显得尤为重要。在保证数据安全和隐私的前提下，只有充分利用数据，培育数字经济新产业、新业态、新模式，才能发挥其价值，才能为个人、企业、社会带来福利。数据的产生、收集、存储、加工、使用于不同的主体（既有个人、企业，也有政府），若数据权属不明确，会导致数据流转困难。目前，各国的法律政策在这方面都不够完善。2018 年 5 月生效的欧盟《一般数据保护条例》是目前最全面的数据保护方针，具有全球影响力；《中华人民共和国数据安全法（草案）》也明确了我国数据安全与发展、安全与开放等法律责任，是我国保障数据安全、促进数据开发利用的重要法则。

1.4.4　信用体系建设和治理不完善

信用是数字经济的灵魂，信用等于财富。如果没有安全信任作为底线，就无法实现数字化，数字经济就无法发展起来，就无法建立命运共同体。用更多元化的数据、覆盖更加海量的各类主体、提供与每个主体信用相匹配的精准服务，正在成为大数据时代信用发展的现实。近年来，我国信用体系建设完成了从无到有、从零散到系统的里程碑式跨越，整体架构逐步完善。但从当前经济运行的实际情况看，我国信用体系的建设和治理与经济发展水平不匹配、与经济高质量发展要求不适应的矛盾仍然突出。社会整体信用水平偏低、信用服务市场不发达、信用法律制度不健全、信用体系的总体运行成本偏高、信用信息没有实现互联互通、低层次重复性建设等问题依然比较普遍。这就需要继续完善信用体系的建设和治理，在此进程中应特别注意两大问题：一是严格区分作为软约束的信用惩戒和作为硬约束的行政处罚的边界，避免以失信惩戒之名，行行政处罚之实；二是多方协同共治，严厉打击炒信等灰黑产业链，促进产业健康发展。

1.4.5　跨界融合型人才结构性短缺

在数据经济体系下，岗位类别呈现多样化，传统企业的人才结构和组织架构都面临变革压力，很多员工面临技术、观念、思维方式等方面的挑战。信息技术人才集聚水平相对较低，高端互联网人才尤其短缺。技能型人才缺口较大，人工智能人才不足，机器人工程师缺口较大，亟须增加数字化人才的供给。复合型人才资源较为匮乏，岗位要求兼顾硬实力和软实力，对从业者的心理素质、专业素质要求较高，大部分企业缺乏精通信息化和生产制造的复合型人才。高端人才和复合型人才的结构性短缺成为制约数字经济创新发展的重要瓶颈,应尽快提高国民数字素养,防范数字化转型引发的结构性转岗潮和失业潮。

1.4.6　网络安全有待高度重视和加强

数字经济下的经济活动和产业活动均离不开信息资源的支持。信息产业在整个社会生产、生活中有主导作用,但它对未来经济安全和国家安全的影响,还远远没有得到人们的充分认识。《2020 年全球风险报告》指出:网络犯罪将成为未来十年全球商业中第二大受关注的风险。2020 年,受新冠肺炎疫情的影响,各行各业加快了数字化转型的速度,大量线下业务转移到线上,为人们带来了更加便利的服务。但是,黑客组织也会乘虚而入,侵害企业和个人的信息安全与利益,数字资产侵权行为时有发生,数字资产成为不法经营者牟利的工具和手段。特别是金融行业容易获利,因此易被黑灰产业团队侵扰。此外,电商、教育等行业也都面临互联网黑灰产业攻击的安全威胁。因此,在数字经济时代,有远见的政治家和专家学者必须把信息产业作为重要的战略产业加以高度重视和务实推动,重视构筑安全链条,加大安全投入,提升安全防御能力,维护网络和数据安全。

第2章

数字化转型

2.1　数字化转型的新理念

　　数字化转型是传统经济迈向数字经济的必由之路，是以数据为核心驱动要素，通过新一代信息技术的应用，推动国家治理、政府服务、经济发展、社会运行的深刻变革，是形成数字经济体系的重要历史进程。数字化转型无疑是建立在数字技术基础之上的，只有采取正确的方法，才能成功实现数字化转型。高度互联的数字化世界，为人类创造的价值源于连接性。要成功实现数字化转型，以人为本的创新是根本，把人的创造力、由信息衍生的智慧及结合万物和流程的连接性这三大关键价值驱动因素汇集起来。将人置于千万事务的中心，通过采用数字技术，满足市场和消费需求，使人们能够过上丰富多彩的生活，从而创造商业和社会价值。

　　数字化转型通常需要多方的共同参与，涉及核心架构的重塑、业务流程的改造及交流方式的变革。数字化转型是建立在数字化转换、数字化升级基础之上，以构建一种新形式、新业态、新模式为目标的高层次转型。数字化转型的有效途径是"生态协同创新"战略。该战略有三个核心理念：创新生态化、生态协同化、协同创新化。

2.1.1　创新生态化

数字化转型意味着要放弃封闭模式，构建开放式创新生态系统。各组织的身份和地位被重新定义，各单元在生态体系里协同发展，核心主体应设立负责技术研发和生态研发建设的"首席技术官"，统筹建立开放式创新生态系统，借助数字化技术转型成为技术创新的引领者。

2.1.2　生态协同化

数字化转型意味着要借助大数据智能技术对生态系统进行主动的管理和服务，实现生态系统的"量化运营"。万物互联与大数据智能技术的出现使生态大规模协同的成本大为降低，效率大为提高。借助大数据智能技术，将政府生态伙伴、供应链生态伙伴、销售类生态伙伴、研发类生态伙伴、人才类生态伙伴、投融资生态伙伴的能力进行有机协同，统筹整个体系内生态系统的"量化运营"，为实现生态"大协同"下的快速进化提供数字化支持。

2.1.3　协同创新化

打造数字经济时代"技术创新＋模式创新"双轮驱动的核心引擎，将需求端最敏感的痛点、难点、热点与业务端、技术端最敏感的"技术创新"进行强耦合，有意识地引导"技术创新＋模式创新"双轮驱动，形成协同创新化的新局面，有力牵引并实现数字化转型，实现创新生态化、生态协同化、协同创新化。

2020 年，数字化已经广泛地介入社会经济文化各领域，如数字政府、科技金融、微信及支付、智慧城市、智慧医疗等。如果没有新冠肺炎疫情，那么数字化转型可能会按部就班地平稳发展，但新冠肺炎疫情的突发和相关的应对措施，使数字化加速强化，螺旋式上升，并且越来越显示出其未来的意义。数字化转型不仅是一种场景的简单转变，在更深层上，它是一种主导社会经济的力量的重塑和变革。它会逐渐变成一个"统治者"，构建一个虚拟的世界并左右现实世界，决定未来的走势。数字化是社会发展的必然趋势，它将颠覆人们对诸多事物的认知，我们必须积极地拥抱它，适应这种变革和发展。

2.2　数字化转型的新机遇

新冠肺炎疫情的暴发对我国经济社会的各个层面都带来了巨大的冲击和影响，但同时也为数字经济领域众多新兴产业的发展带来了新的机遇。由于新冠病毒极高的传染风险，迫使民众大幅减少线下社交，甚至居家隔离，这使网上零售、生鲜电商等数字经济传统产业进一步壮大，同时也使诸如远程办公、在线教育、在线医疗等数字经济新兴行业加速发展。后疫情时期，数字经济发展的新机遇可以从生产端倒逼企业数字化转型、消费端加速民众接受新模式、流通端稳定宏观经济运行三个层面进行分析。

2.2.1　生产端的新机遇

新冠肺炎疫情促进了数字经济的快速发展，企业行为活跃在网络空间，企业间的协作方式和企业内部的生产方式逐步迁移到线上，进而衍生出新的机遇、新的场景和新的模式。企业更加关注产品物理属性之外的服务属性，产品设计与生产制造向定制化、网络化、柔性化发展。企业之间通过互联网、云计算、大数据、人工智能等新一代信息技术实现高效协同生产，在生产要素、生产技术和生产协作三个层面表现出明显变化。

1. 生产要素层面

数据已上升为能够为企业带来最大效益的生产要素。在所有要素中，数据最具流动性，而且数据复制使用的边际成本几乎为零。另外，数据作为基础性和战略性资源，能够大幅提升生产要素效率。

2. 生产技术层面

数字技术推动数字经济迅猛发展。数字经济下的企业具有显著的规模经济递增特征，并且能够通过互联网平台与消费者进行深度互动，降低了生产端与消费端的沟通成本，减少了信息不对称，效率大幅提升，同时成本大幅降低。

3. 生产协作层面

在数字经济供应链中，上下游企业可以通过建立基于互联网的虚拟企业，实现数字化管理、数字化制造、数字化交易和数字化营销。生产端改造成功与否是衡量数字技术融合效果的核心指标。只有优化生产端流程，以技术为引擎，打造出一支过硬的新型数字化生产端，才能源源不断地为用户提供优质的产品和服务，从根本上使经济发展再上新台阶。

2.2.2　消费端的新机遇

新冠肺炎疫情的冲击促使人们接受新的消费模式，为电子商务、平台经济、共享经济等较为成熟的行业提供了再一次扩张的机会和空间，同时也促进了在线文娱、在线医疗、在线教育等新兴线上消费模式的加速发展。这些数字经济新兴行业的爆发式增长很大程度上得益于新冠肺炎疫情冲击下人们大幅缩减了原有的线下消费方式，转而接受线上模式。中国目前拥有全球最多的网络，同时也是全球拥有最多的年轻移动消费人口的国家。当前，中国网上购物者接近 5 亿人，70% 是"80 后""90 后"，这意味着中国年轻的网上消费人口已经超过了美国的总人口，我国已经成为全球第一电子商务大国、移动支付大国、智能物流大国和互联网就业大国，如此庞大的线上消费群体为网络平台带来了流量，为消费端带来了新的机遇。因此，消费端企业必须高度重视数字化转型，抓住消费端行为方式变化的趋势，承接我国的消费升级，这对企业来说，不是稳定增长的问题，而是是否被淘汰的问题。

2.2.3　流通端的新机遇

当新冠肺炎疫情对我国国民经济各个层面造成严重的负面冲击时，平台企业成为经济运行新的"稳定器"。近年来，快速发展的互联网平台企业作为连接供求两侧的桥梁，确保了商流、信息流、资金流的畅通，起到了非常明显的"稳定器"的作用。

1. 在供给侧的作用

由于新冠肺炎疫情的暴发时间刚好与我国农历新年重叠，导致当封城、隔离、限流等防疫措施实际起作用时，大量员工被困家乡，无法返程，即使允许返程也需进行隔离观察。为了解决企业复工复产时的用工难题，很多互联网平台企业推出了"共享员工"的应急措施。另外，由于市场需求严重萎缩，大量中小企业陷入了可能因现金流枯竭而被迫倒闭的困境。在这种情况下，阿里巴巴、京东等互联网平台企业为众多商户提供了有力的资金支持，以保护它们在危机时期能够持续经营。

2. 在需求侧的作用

由于新冠病毒的强传染性，全国的线下零售与服务行业普遍采取了强力的管控措施，普通民众也被要求尽量待在家中，减少外出。在这种情况下，以淘宝网和京东为代表的实物零售平台企业，以及以美团和饿了么为代表的生活服务平台企业，在解决因新冠肺炎疫情所导致的民生问题上起到了至关重要的作用。例如，在新冠肺炎疫情最严重的 2020 年 1—2 月，京东累计向全国供应了 2.2 亿件、超 29 万吨的米面粮油、肉蛋菜奶等生活用品；在武汉封城期间，美团的配送骑手承担了大量的生活物资配送工作，为保障在抗疫一线的医护人员及隔离在家的市民的日常生活发挥了重要作用。

另外，值得注意的是，新冠肺炎疫情冲击对不同组织形态的平台企业所造成的影响及平台企业的应对策略有明显的区别，一部分企业利用数字化的管理经验与架构，让自己的损失最小化。例如，京东因为自身的整合度较高且拥有自建物流体系，所受影响相对较小，并且能够较为迅速地协调和整合内部资源应对冲击；而同属网上实物零售行业的淘宝网，其营销与物流体系则采用了"化整为零"的方式，因此在新冠肺炎疫情之下，能够更好地发挥分散在各地的小微企业灵活自主的优势。新冠肺炎疫情的暴发使人们越发担心未来世界经济中可能发生的各类"黑天鹅"事件，因此作为经济运行新的"稳定器"的互联网平台企业必然拥有更加广阔的发展空间。可以预见，在后疫情时代，数字化转型是企业重新找到增长动力的决胜武器。

2.3　数字化转型的难点

2.3.1　体制机制堡垒多

新技术的创新、新产品的培育、新业态的扩散和新模式的应用，形成了对传统发展理念、政策体系、监管模式、利益格局的冲击和挑战。数字化转型将重构生态模式、组织模式、单元模式，基于小型化、自主化、灵活化的决策单元，构建扁平化、平台化的新型架构，这都需要冲破现有体制机制的堡垒。

2.3.2　转型理解不到位

数字化不仅是技术更新，而且是经营理念、战略、组织、运营等全方位的变革，不能一蹴而就，需要做好顶层设计，明确发展目标、推进步骤和工作举措，实现战略性、整体性、规范性、协同性、安全性和可操作性，当然在转型过程中也会遇到各种各样的问题。尤其是作为核心战略资产的"数据"，随着数字化转型的不断深入，会面临数据分散于不同主体、不同单元、不同业务系统而难以有效整合，数据量飙升难以高效存储，多云系统数据难以有效协同管理等诸多难点问题，这都需要直面并解决。同时，还要避免有意向、无方法而导致缺乏清晰的数字化战略和转型实施路线图。

2.3.3　技术基础仍薄弱

用数字技术驱动业务变革，数字技术的能力建设至关重要。数字化转型的本质是让"数据"成为新的生产要素，核心手段就是让"业务数据化、数据价值化"，关键技术能力是平台能力和数据治理能力。一要建设与自身业务相适应的工业互联网平台，打造强大的平台服务能力，形成良好的技术生态。二要构建企业级数据治理体系，梳理数据资源，形成数据资产，构建数据价值化能力。当前阶段，我国工业技术储备、业务数字化改造能力、数据应用能力均有欠缺，技术方案仍不成熟，数字人才供给不足。

2.3.4　数据治理缺手段

互联网和物联网的蓬勃发展，带来了数据量的大爆发，包括行为数据、轨迹数据、交易数据、交流数据、交往数据，以及企业内部的运营数据、业务数据、财务数据、税务数据等。据互联网数据中心（Internet Data Center，IDC）统计，2019 年全球产生的数据量为 41ZB，过去十年的年复合增长率接近 50%；预计到 2025 年，全球数据量或高达 175ZB；2019—2025 年仍将维持近 30% 的年复合增长率；数据流量的涨势较数据量更为迅猛。根据爱立信和中国工信部的统计，2019 年全球和中国移动互联网月度接入流量分别为 38EB 和 10.5EB，对应 2014—2019 年的年复合增长率分别为 75% 和 139%；预计到 2025 年，全球移动互联网月度接入流量将达到 160EB，其中 45% 为 5G 流量，2019—2025 年复合增长率为 27%。如此巨大的数据体量，对应的数据应用和治理却不足，导致数据开发、数据质量保障、数据权属划分、数据治理等问题突出。《中华人民共和国数据安全法（草案）》按照总体国家安全观的要求，勾勒数据安全保护管理的各项基本制度、法律责任，强化国家数据安全保障能力，直面数据这一非传统领域的国家安全风险与挑战，旨在切实维护国家主权、安全和发展利益，为数字经济时代的数据安全、开发、应用保驾护航，为我国数据治理提供重要的指引。

2.4　数字化转型的见解

在数字经济的浪潮下，企业或产业链内的数字化生态和企业内部数字资产运营已是大势所趋。数字化转型将被广泛地运用于各个商业领域和各种大小生态。大家对数字化转型的理解各有侧重，下面从不同的角度对数字化转型进行剖析。

2.4.1　咨询公司的剖析

1. 埃森哲公司的观点

埃森哲公司的研究团队认为，数字化转型的最显著特征就是通过数字化应用提升运营效率。中国各行业的数字转型水平整体仍处于初级阶段，尽管过去多年来各家企业都关注数字化转型，但是转型的紧迫感和举措执行力并不强。在《2019 埃森哲中国企业数字转型研究》中，埃森哲公司认为转型领军者的数量大约占行业的 9%，比 2018 年增加 2%。

根据埃森哲公司的观点，"数字化转型"本身具有不确定性，转型没有固定的形态和一成不变的路径，而且转型所要达到的目标也因企业实际情况的不同而千差万别。埃森哲公司研究团队从领军企业的业务转型实践中发现，转型领军者主要在"商业创新""主营业务增长"和"智能化运营"三大方向投入力量提升企业数字化程度，更关注"颠覆产业价值链的可能性"和"提升市场份额"，并采用比其他企业更短的数字化转型效果评估周期。

数字化转型是手段不是目的，转型的初心是帮企业解决问题，创造价值。以终为始，企业首先要清楚自己业务或管理的瓶颈所在，才能有针对性地引入数字技术予以改造。

2. 麦肯锡公司的观点

2017 年 12 月，麦肯锡全球研究院在《数字时代的中国：打造具有全球竞争力的新经济》报告中（该报告研究了中国 22 个行业的数字化水平）提出，"数字化"包括三个方面的内容：资产数字化、运营数字化和劳动力数字化。报告认为，预计到 2030 年，三种数字化的推动力（去中介化、分散化和非物质化）或可转移和创造 10%～45% 的行业收入，其中去中介化和分散化的影响最为显著。在美国，数字化转型贡献了约 20% 的咨询业务，该领域的业务在 2017 年增长了 17%，远远超过了传统咨询公司 5% 的增长率。

3. IDC 的观点

IDC 中国副总裁兼首席分析师武连峰先生在 2018 年 1 月 20 日召开的企业数字化转型与创新案例大会上提出：数字化转型分为领导力转型、运营模式转型、工作资源转型、全方位体验转型、信息与数据转型五个方面。企业对数字化转型会越来越重视，把数字化转型、数字化、信息化、基于信息化的数字产品作为未来大的发展战略。

4. IBM 公司的观点

IBM 公司认为数字化就是通过整合数字和物理要素进行整体战略规划，实现业务模式转型，并为整个行业确定新的方向。IBM 公司提出了数字化重塑的思想并将其区分为三个阶段。①数字化：内部人员与流程；②数字化转型：面向客户的业务流程；③数字化重塑：产品服务于用户体验创新。根据 IBM 公司的研究分析，转型的战略途径主要有三种：①注重客户价值主张；②注重运营模式转型；③从整体和整合的角度，将前两种途径结合起来，同时转型客户价值主张和组织交付运作方式。

2.4.2　科技企业的剖析

1. 微软公司的观点

2017 年 7 月，德尔贝先生就任微软首席信息官，同时负责公司的业务战略、内部运营和 IT，他在职责上首先做到了 IT 与业务的整合，并带领微软公司开始进行数字化转型实践。微软公司认为，经历过数字化转型后，每家公司都将成为软件公司，如何形成全公司的产品化思维是一大难点，相当于要求公司的内部运营组织也要具有软件开发的能力，这样才能实现以产品化思维来改造内部运营流程，而开发出来的软件既可以服务于内部运营流程，也可以成为产品团队的软件产品。以此为目标，微软公司将内部运营团队也转型为更高效率的产品与战略组织。在这一过程中，微软公司的数字化转型路径和四大核心能力可以概括为客户交互、赋能员工、优化业务流程、产品和服务转型。

2. 阿里巴巴的观点

2019 年 7 月 5 日，在 2019 中国数字企业峰会中，阿里巴巴副总裁、阿里 CIO 学院院长胡臣杰在"数字企业案例与实践"专题论坛上发表了主题为"从信息化到数字化"的演讲，提出：今天我们正在经历一个非常伟大的阶段，就是物理世界数字化，同时又从数字世界反馈回到物理世界当中。阿里巴巴提倡"一切业务数据化，一切数据业务化"，认为数字化是一个"从业务到数据、再让数据回到业务的过程"。阿里巴巴认为，企业数字化转型的关键在于三点：IT 架构统一、业务中台互联网化和数据在线智能化。在数字化转型的基础上，阿里巴巴提出了数智化转型的思路，即基础设施云化、触点数字化、业务在线化、运营数据化、决策智能化。

3. 华为公司的观点

华为公司在《2019 行业数字化转型方法论白皮书》中，对数字化转型的定义是：数字化转型是通过新一代数字技术的深入运用，构建一个全感知、全连接、全场景、全智能的数字世界，进而优化再造物理世界的业务，对传统管理模式、业务模式、商业模式进行创新和重塑，实现业务的成功。

4. 戴尔集团的观点

国务院发展研究中心、《管理世界》杂志社与戴尔集团从 2017 年年初开始，合作开展了"传统产业数字化转型的模式和路径"课题研究。该课题报告认为，数字化是指利用新一代信息技术，构建数据的采集、传输、存储、处理和反馈的闭环，打通不同层级与不同行业间的数据壁垒，提高行业整体的运行效率，构建全新的数字经济体系。该报告把数字化转型分为四个阶段：数字化转型试点阶段（2018—2020 年）、中小企业进行数字化转型阶段（2021—2025 年）、企业内到行业的集成阶段（2026—2030 年）、构建完整的生态系统阶段（2031—2035 年）。

5. 腾讯公司的观点

2018 中国"互联网＋"数字经济峰会以"助力新生态　共享新机遇"为主题。腾讯公司董事会主席兼首席执行官马化腾在峰会中指出，互联网行业当前的主要痛点是多数应用仍然只属于线上，"我们觉得如果一直在空中的话，是没有前景的，它必须要落地，必须要和传统行业融合在一块"。腾讯公司在"互联网＋"布局中所产生的一些成功案例，虽然为传统行业的升级转型制造了很好的机会，但目前仍然只是"点"，还需要延伸扩展到"线"与"面"的维度。马化腾认为，要做"互联网＋"，先做"互联网－"。他表示，腾讯要有所为，有所不为，"要把我们能做的范围圈定在很薄的一层，不要过界。别人能比我们做得更好的事情，要让别人做"。在圆桌会议上分享腾讯公司做"互联网－"的经验时，他抛出了一个重磅论点：无论数字业者还是实体产业者，都要改变思维，"我们过去讲一个产品要闭环，也就是从头到尾都是自己在做全套。现在反而要把做闭环变成做开环，只做整条产业链上的其中一个环节"。

2.4.3　各大银行的剖析

1. 花旗银行的观点

花旗银行于 2012 年提出了"移动优先"战略，并在 2017 年进一步提出了"打造数字银行"的新战略，着重关注客户的核心需求，强化自身数字化能力，积极拥抱外部伙伴。

2. 摩根大通银行的观点

摩根大通银行于 2012 年首次发布移动银行，同时开始全面构建数字银行，以"Mobile 移动第一，一切数字化"战略启动数字化转型，实施了打造领先的数字化体验、布局生态圈、创新数字产品、打造技术型组织和能力等一系列措施。摩根大通每年投入近 100 亿美元用于支持数字化转型，全行 22 万名员工中拥有技术或数据背景的人员占 25%。

3. 汇丰银行的观点

汇丰银行从 2014 年开始推动客户旅程数字化，以实现渠道全面数字化。2015 年，汇丰银行将数字化转型目标确定为"从根本上将业务模式和企业组织数字化"，通过客户旅程数字化、数字化产品创新、运用大数据技术创造价值、优化 IT 架构和数据治理、加大投资力度五个方面的举措开展数字化落地。

4. 中国建设银行的观点

2019 年 5 月 9 日，在深圳召开的金融数据治理与应用研讨会上，中国建设银行信息总监金磐石先生解读了中国建设银行的数字化转型战略，其核心是在金融科技战略的指导下，以技术和数据为驱动，以知识共享为基础，以平台生态为逻辑，构建数字化银行生态体系，为客户和各类合作伙伴提供更便捷、更高效的金融服务，将中国建设银行建设成为"管理智能化、产品定制化、经营协同化、渠道无界化"的现代商业银行。

5. 中国银行的观点

2018 年 8 月 9 日，中国银行明确提出了"坚持科技引领、创新驱动、转型求实、变革图强，建设新时代全球一流银行"的总体战略目标，并将科技引领数字化发展置于新一期战略规划之首。中国银行的数字化发展之路将围绕"1234-28"展开：以"数字化"为主轴，搭建两大架构（企业级业务架构与技术架构），打造三大平台（云计算平台、大数据平台、人工智能平台），聚焦四大领域（业务创新发展、业务科技融合、技术能力建设、科技体制机制转型），重点推进 28 项战略工程。

6. 上海银行的观点

上海银行副行长胡德斌先生在《中国金融电脑》杂志上撰文指出，银行的数字化是以数据为核心，在开放互联、数据智能的框架下，对内实现数据共享、流程重塑、效率提升，对外改变客户体验，提高风控能力，构建服务场景，实现数字化业务营收占比的不断提升。

2.5　数字化转型的实践

随着数字化转型的逐步深化，云计算、大数据、人工智能、物联网、区块链等技术正在与制造、交通、金融、农业、通信、零售、医疗、教育、能源等传统行业实现深度融合，大量科技企业从特定的场景出发，提供差异化的新产品和解决方案，形成丰富的"智能 +"应用，成为智能经济快速发展的重要推手。智能产业化和产业智能化是智能经济形态的主要体现方式。智能产业化是指将人工智能技术赋能传统装备，实现硬件终端的智能化升级，从而形成以智能机器人、智能汽车、智能可穿戴设备等为代表的智能经济产业。产业智能化则是以创新应用为切入点，推动智能技术和智能终端在多元化场景落地，改造传统经济发展模式，从而形成以智慧城市、智能交通、智能安防、智慧医疗、智慧教育、智慧金融、智能制造、智能家居、智慧园区等为代表的典型应用，进一步形成更加开放、融合、协同发展的数字化生态体系。

2.5.1　智慧城市

智慧城市的本质是融合，利用物联网、云计算、大数据、人工智能等各种信息技术或创新理念，将城市里分散的、孤立的属性和功能整合起来，让其具有感知化、物联化、集成化和智能化的特点，助力提升城市资源利用效率，优化政府管理和服务，从而改善居民生活质量，促进经济社会发展。

"智慧城市"这一概念最早由 IBM 在 2009 年提出，经过多年的发展、演变、升级、优化，智慧城市已进入全新的阶段。根据 Statista 估算，2023 年全球智慧城市建设开支将上升至近 1 890 亿美元。欧盟国家是智慧城市建设的先行者，21 世纪初，英国、瑞典等国家已经相继开展了智慧城市实践。早在 2009 年，英国就在宽带、移动电信、广播电视等基础设施建设方面提出了很多具体的行动规划，旨在"改善基础设施状况，推广全民数字应用，打造英国为世界数字之都"。2017 年，英国政府又正式发布了"数字英国战略"，涵盖数字化连接、数字化技术、数字化商业、宏观经济、网格空间、数字化政府和数据七大方面。

我国城市正处于新旧治理模式交替、城镇人口快速上升、信息技术蓬勃发展的阶段。智慧城市的出现和建设发展顺应了我国政策、社会、技术和实践背景，在四维度的利好之下，我国智慧城市建设蓬勃发展起来。预测未来几年我国智慧城市建设支出将持续增加。其中，智能电网、固定智能视安防和互联网后台系统将成为重要投资领域。在智能＋时代背景下，我国启动了以新基建为核心的智慧城市建设。以 5G 作为新基建的核心任务，结合云计算，将进一步推动智慧城市的发展：以 5G 为代表的泛在传感网络将成为智慧城市发展的重要基石；云计算能够满足智慧城市快速处理海量数据的需求。此外，以新基建为中心的智慧城市建设，将采用政府与社会资本合作的模式，即各地方政府提供引导资金，社会资本配资建设。

随着中国城镇化水平的进一步提升，智慧城市的市场规模也将持续扩大，摩根士丹利发布的《中国城市化 2.0：超级都市圈》估计，到 2030 年，中国五大超级都市圈的平均规模将达到 1.2 亿人，城际通勤铁路里程较目前增长 8.5 倍，万物互联和数据市场将达到 1 万亿美元。从总体上看，我国智慧城市的发展将经历四个阶段。

1. 智慧城市 1.0 版

（1）特点：由科技公司主导，交通、环保等个别行业推动应用，服务对象为企业，行业孤立数据，采集局部信息，组建物联架构，是数字经济成型阶段。

（2）基本特征：基础设施、公共行业等个别行业实施应用；地方企业垄断局部数据信息，各自为政探索城市智慧化。

2. 智慧城市 2.0 版

（1）特点：由通信运营商主导，数个行业实施应用，服务对象为特定用户，行业混合数据，存储商业信息，形成局域物联网，是数字经济基础阶段。

（2）基本特征：通信运营商和某些行业寡头出现"圈地"运动，数据不能共享，智慧城市表面化，缺少智慧服务内容。

3. 智慧城市 3.0 版

（1）特点：由互联网巨头主导，各行各业实施应用，服务对象为商业顾客，行业交流数据，分析商业信息，形成领域物联网，是数字经济发展阶段。

（2）表现：以公共云和行业为特征的 BAT（百度、阿里巴巴、腾讯）、华为、三大运营商等智慧、智能的推进阶段，行业运营商和互联网公司凭借各自资金、政府关系和销售客户的优势圈占城市和政府专项资金，把大数据与产品销售、智能应用等初步结合。

（3）基本特征：行业垄断，大小通吃，抢占客户资源，无实用内容的形象工程，竞争资源化等。

4. 智慧城市 4.0 版

（1）特点：由智能商和中心智库主导，各行业整体应用，服务对象为人民群众，城市流通数据，共享服务信息，实现智能物联网，是数字经济的高级阶段。

（2）表现：以平台和客户信息泛化向顶层设计、内容规划、政府决策、产业延伸等深度转变。随着地方政府和主管部门对智慧城市的应用，智慧城市将不再依赖设备商和零售商，而是逐步构建和引进国家部委行业智库等，成为智慧城市的总设计师和开发主角。智慧城市的顶层设计、智慧应用、城市大脑、智慧谋划等功能，以及专业智库、专家团队等成为智慧城市的大脑、核心和根本竞争力。聚焦各级政府、园区、企业和民生的发展与能力提升等总策划和核心诉求，整合资源要素、经济分析、政府决策、生态布局与企业管理等热点、痛点，以经济内涵的智能、泛在、智库、内容为轴心，以部委系统高端智库为主导和总策划，互联网公司参与分工与业务合作的开发模式将成为地方智慧城市建设的基本趋势和必然选择。

从总体上看，我国未来的智慧城市建设将以数字经济作为城市的命脉，形成"智慧互联和高端智库统领、总体设计和政府管理运作、经济发展与事业融合"的数字共同体。然而，无论在核心技术还是在软硬件产品上，我国智慧城市的建设对国外企业的依赖度仍然较高。此外，国内城市基础数据未能连接、共享，尚不能发挥综合价值，数据传输与储存的安全防御能力也有待强化。

2.5.2 智能交通

智能交通是运用先进的人工智能、信息通信、传感与控制等技术，以"数据为关键要素、智能为根本目标"，赋能交通运输及关联产业，实现大范围、全方位、实时、准确、高效的交通管理，推动模式、业态、产品、服务等联动创新，从而提升出行和物流服务品质，让数字红利惠及人民，增强人民的获得感。

随着全球人口的持续增长，大量城市正面临人口与资源分布不均的挑战。道路拥挤和污染排放增加等问题，严重影响了城市经济发展，智能交通的需求越来越迫切。公开数据显示，智能交通能够提高道路使用效率，减少交通堵塞 60%，提高道路通行能力 2 ～ 3 倍；车辆在智能交通管控体系内行驶，停车次数可减少 30%，行车时间可减少 15% ～ 45%，车辆使用效率可提高 50% 以上。预计到 2025 年，全球智能交通市场将达到 2 621 亿美元，年复合增长率为 18.68%。随着我国智能交通市场的蓬勃发展，市场规模有望在 2023 年达到 1 590 亿元。在智能交通起步和培育阶段，系统集成商响应政府引导，作为市场主体，经历了一波快速发展。随着市场逐步成熟，行业正在由基础建设转入高质量发展阶段。目前，国内经营智能交通业务的企业有 2 000 多家，主要集中在道路监控、高速公路收费、系统集成等环节。

智能交通发展有四大趋势：一是交通车辆的自动驾驶技术；二是交通服务的"出行即服务"（Mobility as a Service，MaaS）"一站式"方案；三是交通路网的智慧管控；四是交通安全的主动防控（包括轨道交通智能运维与健康管理、城市停车的精细化治理、自主式交通系统等）。其中，自动驾驶汽车作为智能交通管控体系的重要组成部分，是实现车路协同、提升人们出行体验的重要载体。《数字交通发展规划纲要》提出了智能交通的总体建设要求："到 2025 年，交通运输基础设施和运载装备全要素、全周期的数字化升级迈出新步伐，数字化采集体系和网络化传输体系基本形成。交通运输成为北斗导航的民用主行业，第五代移动通信（5G）等公网和新一代卫星通信系统初步实现行业应用。交通运输大数据应用水平大幅提升，出行信息服务全程覆盖，物流服务平台化和一体化进入新阶段，行业治理和公共服务能力显著提升。交通与汽车、电子、软件、通信、互联网服务等产业深度融合，新业态和新技术应用水平保持世界先进。到 2035 年，交通基础设施完成全要素、全周期数字化，天地一体的交通控制网基本形成，按需获取的即时出行服务广泛应用。我国成为数字交通领域国际标准的主要制定者或参与者，数字交通产业整体竞争能力全球领先。"

2.5.3　智能安防

随着物联网等科学技术的普及应用，城市的安全防护从过去简单的安防系统开始向城市综合化体系演变，国内外安防产业顺势爆发，与智能家居、智能交通等行业完美融合。同时考虑到数字化智能安防行业的特殊性，相关政府部门对智能安防产业的发展一直给予较强的政策支持。例如，为了解决企业和住宅小区的安全防范问题，建设部、公安部两部门先后签署下达了多份相关文件，以强化企业和住宅小区的智能化安全防范设施。数据显示，2019 年国内安防行业总产值达到 5 000 亿元。随着我国"平安城市"建设的加强，国内安防企业即将迎来全新的机遇。

城市的安防项目涵盖众多的领域，有街道社区、楼宇建筑、银行邮局、道路监控、机动车辆、警务人员、移动物体、船只等。特别是针对重要场所，如机场、码头、水电气厂、桥梁大坝、河道、地铁等，引入物联网技术后，可以通过无线移动、跟踪定位等手段建立全方位的立体防护，兼顾了整体城市管理系统、环保监测系统、交通管理系统、应急指挥系统等应用的综合体系。随着车联网技术的兴起，在公共交通管理、车辆事故处理、车辆偷盗防范上可以更加快捷、准确地跟踪定位，还可以随时随地通过车辆获取更加精准的灾难事故信息、道路流量信息、车辆位置信息、公共设施安全信息、气象信息等。

此外，智能化安防技术作为基础工作也呈现快速发展趋势。智能化安防技术的主要内涵是其相关内容和服务的信息化、图像的传输和存储、数据的存储和处理等。一个完整的智能化安防系统主要包括门禁、报警和监控三大部分。从生物识别到视频监控，安防技术也迅速迈向智能化。其中视频监控作为智能安防最为基础的环节，高清显示、大屏拼接均已普遍使用。随着数据量的不断增加，智能分析、云存储和大数据等技术将成为智能安防未来重要的发展领域。

2.5.4　智慧医疗

智慧医疗以医疗数据中心为核心，以电子病历、居民健康档案为基础，以自动化、信息化、智能化为表现，综合应用物联网、射频技术、嵌入式无线传感器、云计算等信息技术，构建高效化的信息支撑体系、规范化的信息标准体系、常态化的信息安全体系、科学化的政府管理体系、专业化的业务应用体系、便捷化的医疗服务体系、人性化的健康管理体系，使整个医疗生态圈中的每个群体均可从中受益。我国已成为仅次于美国和日本的世界第三大智慧医疗市场，为智慧医疗的发展奠定了深厚的基础。

中国互联网医疗将步入黄金期，而作为其关键组成部分的智慧医疗产业也将进入高速发展期。特别是，伴随着中国人口老龄化程度和慢性病患病率的提高，整体国民健康意识持续提升，从被动、应对性的就医诊疗，逐渐转向主动、常态性的预防保健。与此同时，国内整体的医疗资源分布不均，卫生技术人员缺口较大，与人民的需求形成了日益突出的矛盾，而 5G 和人工智能等新技术的发展，则为远程医疗等应用的落地提供了可能。

随着数字经济及大数据、云计算和人工智能等技术的快速发展，运用互联网＋应用平台提升医疗资源的使用效率，提高救治和服务水平已成为推进"健康中国"建设的重要技术手段。在这样一个大背景下，智慧医疗健康行业的发展趋势呈现出如下特点。

（1）分级医疗和多点执业是互联网健康医疗的重要催化剂，促进医疗资源市场化下沉。

（2）个性化和综合化健康管理服务是未来垂直细分领域的发展方向。

（3）大数据将在互联网健康医疗领域发挥重要作用，在互联网医疗健康领域的精准分流、健康险营销、慢病管理等方面得到应用。

（4）人工智能、机器人技术、认知技术和精准医疗可使临床医生的许多非临床事务自动化，特别是在影像诊断、药物发现、肿瘤诊治和风险分析应用等方面的行医过程更高效。

（5）数字化患者体验。在消费者预期上升的推动下，中国 20% 的医疗服务机构在 2021 年之前把优化数字化患者体验作为优先发展的三大战略重点之一。

（6）移动医疗设备商用。随着新一代医疗设备的出现，尤其是以运动、心律、睡眠等检测为主的各类医疗设备，可以将临床医生的工作效率提高 50% 以上。

（7）5G 技术的广泛应用。5G 技术将广泛运用在手术直播、增强现实远程医疗、院前急救、远程手术等方面，可为医疗行业从业者及患者带来更好的医疗服务体验。

智慧医疗行业面临的关键竞争点在于技术、提供的设备方案的完整性等。除此之外，由于智慧医疗行业融合了多种技术，企业除了要有较强的研发能力，还需要有其他行业（如云计算、大数据处理、物联网和互联网等）龙头企业的合作支持，以提高其技术的丰富程度。只有二者相辅相成，才能提高企业的竞争力。目前，虽然我国智慧医疗建设发展总体上呈现稳健上升的态势，但是医疗行业的智能化、数字化、信息化水平还未达到理想高度，医疗资源的整合和共享难以得到充分的展现。数据作为人工智能的重要支撑，却在医疗数据的来源、计算、共享等方面存在很大的欠缺。要解决这一问题，需要一个可扩展的大数据平台，容纳各类疾病特征、病例、指标数据，如何构建这一数据平台，并通过机器、人工智能及互联网的优势来帮助医生更好地解决病患难题，则成为当下智慧医疗建设的重中之重。

2.5.5　智慧教育

智慧教育是充分运用现代智能技术，全面实施个性化教学、按需服务的新型教育模式，以全面培养具有高度应变和创新能力的人才为目标，是信息化教育的高级形式。智慧教育的特征主要包括以下几个。

1. 学习环境传感器丰富多样

随着传感器技术的成熟和大规模推广，教室内部的物理学习环境信息（如温度、湿度、光照、空气等）开始容易获取。全球定位系统（Global Positioning System，GPS）的普遍使用使学习者的地理位置可以被准确感知；射频识别（Radio Frequency Identification，RFID）技术可以对学习者的身份进行有效识别，并支持远场或近场通信；二维码技术可以轻易获取资源的存储位置；人脸识别技术可以有效感知学习者的情绪状态；可穿戴设备、手势触摸技术可以轻易获取学习者的肢体状态；数据类传感器使远程计算机可以在学习者浏览网页、使用学习软件时对其数据进行收集并及时存储。

2. "数据驱动"式教学无处不在

随着获取教育机构、学生与教师行为数据的方式日益增多，教与学的模式也开始向"数据驱动的精准化教学模式"变革。教育数据分析专家将所获取的学习数据进行挖掘与分析，提取其特征信息，找出当前存在的问题，或者对学习者进行学习行为画像，通过分析画像数据，对学习者的学习行为、习惯、兴趣进行解读，从而顺应学生的学习偏好，为教师的精准教学提供决策服务。在评估学生学习的过程中，学习分析师可以运用网络分析、会话分析、文本分析等方式分析学生的线上交流信息。

3. 人工智能技术广泛运用

智慧教育时代，人工智能与教育的深度融合进一步衍生出了一种新的教育状态，即人工智能教育。人工智能教育主要包括四大应用形态，分别是智能导师系统、自动化测评系统、教育游戏和教育机器人。人工智能教育的应用相比于之前的信息化教育更强调"人机协同"，一方面使学习者利用智能学具实现建构性学习；另一方面使教学模式呈现智能化的特点，即基于"大数据＋人工智能"的智能化教学平台，使教学方法更加多元，教育服务更加精准，如智能语音测评系统、智能辅导系统、批改网、智能化考试系统等人工智能应用产品都已逐渐走向实用。

4. 学习资源共享共生成为常态教育

信息化近二十年的发展促使互联网产生了大量丰富而又繁杂的教学资源"信息孤岛"和封闭的"知识仓库"。然而上述资源并没有得到充分利用，造成学习资源的静态化、碎片化及利用率低等问题。在智慧教育环境下，通过互联共享的云计算，学习者不再受时空限制，教育资源变得无处不在而又融为一体。同时，由于大数据、人工智能技术的普遍运用，教育资源配置得以优化，教育资源配置失衡问题有望得到解决，学校、区域之间的壁垒有望被打破。同时，借助智能终端设备随时访问优质资源，学习者可以对资源进行再生，而这些再生的资源又可以循环利用，不断优化，形成生态化的教育资源。

5. 个性化学习与自适应学习普遍采用

个性化学习强调的是对不同的学习者采取不同的策略与方法，促使不同的学习者获得充分、自由、和谐的发展过程。随着智慧教育与教育大数据技术的发展，教师可以在丰富的技术环境的支持下，通过学生的课堂表现和学习效果，有针对性地指导学生进行差异化学习、自适应学习，从讲授到作业布置，都可以适合学生自身的特点，从而实现真正的"因材施教"。

6. 提高成人教育的受众数量

未来成人教育网络化及在线化的模式，将促使我国大规模的互联网用户直接与成人教育学校建立联系。不再受时间和空间因素的限制，任何人在任何时间都能够通过互联网进行学习，从而有效扩大了成人教育的受众数量。

2.5.6 智能家居

智能家居的理念及应用起源相对较早。美国联合科技公司于 1984 年便开始尝试将建筑设备信息化、整合化概念应用于美国康涅狄格州哈特佛市的都市大厦（City Place Building）。智能家居主要是指利用微处理的电子技术集成或控制家里的电子产品。例如，用电脑或手机控制家里的照明灯、咖啡机、空调或安保系统。从具体应用场景看，智能家居产品主要包括以下八类。

（1）智能电器控制。采用弱电控制强电方式，可以用遥控、定时等控制方式实现对多种电器的控制。例如，智能温控，无论人在哪里，都可以远程控制家里的空调、地暖、新风等系统，为用户提供一个恒温舒适的室内环境。

（2）智能灯光控制。可以用遥控等多种智能控制方式实现对全宅灯光的开关、调光等灯光场景效果控制。

（3）家庭影院系统。家庭影院系统是指在家庭环境中搭建的一个接近影院效果的系统，让用户在家即能欣赏影院效果级别的电影，享受专业级别音响带来的音乐效果。

（4）智能视频共享。将数字电视机顶盒、DVD、录像机、卫星接收机等视频设备集中安装在隐蔽的地方，用户使用该系统可以让客厅、餐厅、卧室等多个房间的电视机共享家庭影音库，并能通过遥控器选择自己喜欢的音源进行观看。

（5）智能背景音乐。在家庭任何一处位置，都可以将 MP3、FM、DVD、计算机等多种音源进行系统组合，让每个房间都能听到美妙的背景音乐，起到美化空间的装饰作用。

（6）智能浇灌系统。可以设定好每隔几天定时自动浇灌，在电脑上查看家里花园的状况，按下自动浇灌按钮，系统便能够按照设定好的模式为整个花园浇灌。

（7）安防监控系统。实行安全防范系统自动化监控管理，住宅若发生火灾、有害气体泄漏、偷盗等事故，安防监控系统能自动报警。用户不在家时，还能通过电脑、手机等实时查看监控录像，并进行远程控制。

（8）系统整合控制。系统整合控制以有效提高产品的实用率、尽量减少成本、使功能最大化为目的，实现灯光控制、电器控制、安防报警、背景音乐共享、视频共享及弱电信息等功能。

2.5.7　智慧园区

园区作为城市运行的基本功能单元，是重要的人口和产业聚集区。根据相关数据，90% 以上城市居民工作、生活在园区，80% 以上的 GDP 和 90% 以上的创新在园区内产生，可以说"城市，除了马路都是园区"。数字化园区作为各地建设数字经济的重要承载基地，能够汇集物联网、软件开发、线上直播等相关数字化企业，构建以软件开发、数字加工和大数据孵化为主的数字产业发展生态圈，打造不同类型、不同层次的产业平台，加速形成数字产业集聚效应，有效推动信息基础设施建设，推动传统产业改造升级。

我国园区呈现出形态多、数量大的特征，园区类型一般包括产业园区、教育园区、制造业园区、科研园区、居住社区等。以产业园区和居住社区为例，据国家发展改革委、科技部等联合发布的《中国开发区审核公告目录》（2018 年版）统计，我国现有国家级开发区 552 个，省级开发区 1 991 个，各类社区超过 30 万个。在各行各业数字化转型浪潮中，我国园区也正在从传统园区向数字园区、智慧园区转型。传统园区往往缺乏系统性的规划，基于单点功能的建设通常导致系统孤立、管理粗放及服务不足等问题，难以满足人们日益增长的多样化需求。在需求与技术双轮驱动下，园区必将从封闭走向开放，由单一迈向融合，从服务缺失转为极致服务体验，从单点智能转为整体智慧。

通常来讲，智慧园区的特点可归纳为五个方面：实时（Real Time）、按需（On Demand）、全在线（All Online）、自助服务（DIY）和社交化（Social），我们称之为 ROADS 体验，如图 2-1 所示。

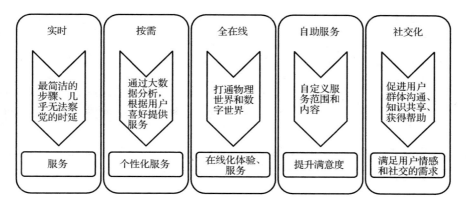

图 2-1　智慧园区的 ROADS 体验

（1）实时。确保用户以最简洁的步骤和几乎无法察觉的时延获得服务。

（2）按需。通过大数据分析，根据用户喜好，为其推送和提供各种个性化服务。

（3）全在线。通过丰富的连接，打通物理世界和数字世界，为用户提供在线化体验和服务。

（4）自助服务。用户可以自行定义服务的范围和内容，提升满意度。

（5）社交化。开放的平台或空间，促进用户群体沟通、知识共享、获得帮助，满足用户情感和社交的需求。

从发展趋势可以看出，园区的数字化转型聚焦在面向空间的用户体验，重视数据的价值挖掘和精细化运营管理，强调业务增值、开放创新和可持续发展。

2.5.8　智慧农业

智慧农业是将现代信息技术运用到传统农业的生产、经营、管理和服务中去，是信息技术、农业技术与装备技术对区域农业资源、生产、市场的重新优化配置，是现代农业发展的一种新业态，从而使传统农业更有"智慧"。以智慧农业、数据农业和精准农业为代表的新一轮农业技术革命将使农业生产经营活动进入智能化、集约化、高效化和个性化发展阶段，从根本上改变农业社会的组织体制和管理模式，促进形成能够大幅度提高农业生产力、资源利用效率和实现农业可持续性的综合性解决方案。

1. 智慧农业的特点

智慧农业是农业生产的高级阶段，是移动互联网、物联网、大数据、云计算、空间信息技术和智能装备等新一代信息技术与现代农业融合的产物。智慧农业的特征主要表现在五个方面，如图 2-2 所示。

图 2-2　智慧农业五个方面的特征

农业生产要素方面，利用先进的物联网技术，实现农业生产全过程精准控制和自动化作业，提高产品质量和生产效率，节省人力成本，减少资源浪费，从而实现农业生产要素数字化、在线化。

农业决策方面，基于生产过程中的海量数据，充分利用大数据技术和人工智能技术，对数据进行加工整理，形成专家知识库，产生最优化决策，保障农业生产全过程决策数据化、智能化。

全天候服务方面，通过建设农业云计算平台和区域化模块，使农业系统具备自主运算能力，提高农业系统运算速度，快速得到反馈结果。智慧农业系统可以全天候在线服务，很大程度上提高了智慧农业系统的实用性和针对性。

农业管理方面，农业生产中食品安全溯源和大量的数据信息十分重要，区块链技术基于其"不可伪造""全程留痕""可以追溯"等特征，奠定了坚实的"信任"基础，使农业管理信用化、安全化。

全区域方面，智慧农业全过程、全区域都使用信息化技术手段代替人力劳动，以科学、智能化的方式进行农业生产经营，进而摆脱传统生产的弊端，提高农业生产效率和产品品质，实现全区域智慧化、泛在化。

2. 智慧农业的建设

智慧农业是现代科学技术、先进管理思想在农业中综合、全面的应用，实现更完备的信息化基础支撑、更透彻的农业信息感知、更集中的数据资源、更广泛的互联互通、更深入的智能控制、更贴心的公众服务。智慧农业的建设包含如下三个方面的内容。

建立以现代科学技术为支撑的农业生产体系。开展高效的农业环境信息（环境温湿度、土壤水分、二氧化碳、图像等）感知、传输、监测、预警和控制系统建设。创建以农情监测、高效管理和自动收获为一体的自动化生产模式，提高种植业生产全过程的智慧监测、智能决策和智能分析。利用 5G 和物联网等现代信息技术实现智能化和规模化生产。积极推进全球定位系统、地理信息系统等现代信息技术在智慧农业生产中的应用，提高农业装备的现代化和智能化。同时推进智慧农业与现代生物技术、种植和养殖等高新技术融为一体。

建立智慧流通体系。推进冷链运输在农业流通领域的应用，建立从乡村到城市的集仓储、冷藏、配送及长短途运输功能为一体的农产品配送体系。通过对农产品的高效可靠识别和对生产、加工环境的监测，实现农产品追踪、清查功能，进行有效的全程质量监控，确保农产品安全。物联网技术贯穿生产、加工、流通、消费各环节，实现全过程严格控制，建立农产品全生命周期档案。推进农产品质量安全追溯管理平台的建设，实现农产品信息在线化、可视化管理。完善农产品质量安全监督、管理、预警体系，切实保障农产品质量安全。开展电子商务技术培训，推广物联网技术在农户中的使用。协调相关部门建立完善的农产品供应链金融体系，利用现代信息技术推进农产品流通系统的快速发展。

　　构建智慧管理与服务体系。加强对种植业、畜牧业和农业装备制造业的监测和调度，推进农业产业数字化、智能化和集约化生产。加快建设农产品质量安全信用体系，建立健全农业生产的规范化管理，提高政府主管部门在生产决策、指挥调度等方面的监管力度。强化互联网平台在农产品供应链中的重要作用，打造农业电商生态圈，促进传统农业服务模式由公益服务向市场化、多元服务转变，使农民通过互联网掌握农业生产、流通、销售的相关数据，从而有利于农民结合实际情况决定农业生产的关键点。另外，严厉打击互联网领域侵权假冒行为，净化市场环境。加快统计监测和信用体系建设，推动建立信息共享与协同监督机制。

第3章

政府数字化

党的十九大明确提出要加快推进信息化，建设"数字中国""智慧社会"的奋斗目标。习近平总书记就"数字中国"建设发表了一系列重要讲话，做出了一系列重要指示，形成了具有鲜明时代特色的"数字中国"建设思想，是习近平新时代中国特色社会主义思想的重要组成部分，是我们加快推进新时代数字中国建设、加快网络强国建设的根本遵循和行动指南。"数字政府"作为现有信息化条件下架构形成的一种新型政府运行模型，顺应了"数字中国"及我国体制性改革的要求，实现政府部门横纵贯通、跨部门、跨层级、跨系统、跨地域，以及业务高效协同、数据资源流转通畅、决策支撑科学智慧、社会治理精准有效、公共服务便捷高效、安全保障可管可控的目标，旨在实现公共服务便民化、社会治理精准化、经济决策科学化，是"数字中国"体系的有机组成部分，是推动数字中国建设、推动社会经济高质量发展、再创营商环境新优势的重要抓手和重要引擎，是创新社会治理、推动数字经济发展的必由之路。

3.1　政府数字化的现状分析

联合国电子政务调查评估自 2001 年启动以来，已连续发布了 10 次报告，成为全球电子政务领域的权威机构。《2020 联合国电子政务调查报告》的主题是"数字政府助力可持续发展十年行动"。该报告围绕以电子政务支撑 2030 年实现 17 个可持续发展目标为核心，从全球视野和全球思维的角度，剖析了全球电子政务的发展实践，总结了国际电子政务的发展趋势。

3.1.1　全球数字政务发展现状

数字政务已成为各国政府的选择，越来越多的国家大力推进数字政务战略，以数据为中心，强化电子参与，整合线上和线下渠道，提升以人为本的数字政务服务能力，全球数字政务呈现出蓬勃发展的趋势。

1. 全球电子政务整体发展水平不断提升

从全球范围来看，世界各国电子政务发展持续推进。数据显示，全球电子政务发展指数从 2018 年的 0.55 上升到 2020 年的 0.60，126 个联合国成员国处于"高"或"非常高"级别，占比 65%。其中，57 个国家的电子政务发展指数为"非常高"级别，比 2018 年增加了 17 个国家，增幅达 43%。全球仅有 8 个国家处于"低"级别。世界五个区域在 2020 年都提高了其电子政务发展指数，其中欧洲仍然处于领先地位，其次是亚洲、美洲、大洋洲和非洲。

2. 数字政府转型快速推进

数字政府作为数字化转型的重中之重，受到国内外政府的普遍重视。世界各国政府正在利用数字技术创新政府运作方式，并不断转变信息公开、政府决策和公共服务的方式，积极了解公众需求，解决公众关注的热点问题。为更好地支持数字政府转型，许多国家已经进行了机构改革。在 193 个联合国成员国中，有 145 个国家设有首席信息官或类似职位。新的组织结构的挑战需要改变各级政府的组织文化，发掘公共部门、社会组织和个人的能力。数字政府转型需要制定整体方案，包括推进数据治理，促进有效的公共通信，加强通信技术基础设施建设及提升新技术应用能力，建立符合信息化发展需求的制度和机制，制定数字化发展战略，形成监督和评估机制。

3. 在线服务成为各国发展的重点

从全球范围来看，各国都在积极改善电子政务及在线提供公共服务。大力提高在线服务水平成为各国的普遍共识。更多的国家开始关注通过电子政务建设整体政府，解决协同治理问题，并将其作为应对各种复杂挑战的关键。在构建整体政府的过程中，强调基础资源层面的集约化建设与利用、管理层面的统筹规划与高效协同、服务层面的"一体化"无缝整合成为各国的普遍做法。总体来看，全球在线政务服务的发展阶段已由以政府网站提供信息服务的单向服务阶段开始迈向实现跨部门、跨层级的系统整合集成，提供一体化网上政务服务的整体服务阶段。数据显示，除 1 个成员国外，联合国其他成员国都建设开通了国家门户网站。全球有 66% 的成员国提供事务在线服务。在全球范围内，最普遍的在线服务事务是企业登记，有 162 个国家提供这项在线服务，这一数据与 2018 年相比，增加了 30%；专门针对弱势群体提供在线信息和服务的国家数量增加了约 11%；通过短信或移动应用程序提供服务的国家数量平均增加了 38%，移动服务最常见于教育部门（127 个国家）、环境部门（116 个国家）、卫生部门和就业部门（各 115 个国家）。

4. 政府快速响应能力不断提升

在新冠肺炎疫情期间，各国政府通过其国家门户网站、移动应用程序和社交媒体平台公开信息，快速响应公众需求。对 193 个联合国成员国的国家门户网站的调查表明，各国政府在报告和分享与新冠肺炎疫情有关的信息时展现了很高的透明度。很多国家的政府开通了专门的防疫网站和应用程序，在信息和资源更新方面表现出极大的灵活性。拥有功能强大的电子政务系统的国家能够向公众、地方政府和医疗工作者提供明确的最新信息，同时还能与社会平台开展合作，减少错误信息的传播。通过信息共享和在线服务的提供，数字技术使政府和公众在新冠肺炎疫情暴发期间保持联系，并使各国政府能根据实时数据和分析迅速做出决策，提高地方政府的协调能力，并向最需要的人提供服务。

5. 城市电子政务蓬勃发展

《2020 联合国电子政务调查报告》还选取了代表城市进行评估，对城市电子政务的发展水平进行评估是 2018 年报告新增加的内容，2020年报告在调查评估中把评估范围进行了扩展，根据地理位置和人口分布情况，从原来的 40 个城市扩大到了世界不同地区的 100 个城市，中国上海的在线服务指数排名第 9。在线服务指数由 80 项指标组成，包含技术、内容提供、服务提供及参与度四个方面。从整体上看，在 2020 年调查的城市服务网站中，内容提供是所有网站表现最佳的一项，大多数城市都基本达到了相关指标的要求，但是在促进公众参与和服务创新方面还有待加强。地方行政部门认识到技术和数据正在改变内部业务、服务交付和互动机制，这有助于实现更智慧的政府治理。在大多数情况下，地方政府可利用信息和通信技术整合和简化内部程序，从而改善服务的提供。在城市的数字化转型过程和治理结构的新技术整合方面也存在一定的挑战和风险，如基础设施不完善、高技术成本、隐私和安全威胁、人才队伍不强、管理流程的缺乏及数字鸿沟等。

6. 电子参与持续推广

电子参与是数字政府治理的一个关键层面，也是数字政府可持续发展的支柱之一。一般根据政府门户网站向公众提供信息、协商和决策有关的内容，通过调查对电子参与进行评估。电子参与调查评估作为在线服务内容的一部分，通过电子参与指数对各国的电子参与情况进行单独排名。2020 年电子参与的调查领域包括教育、卫生、社会保障、就业、环境和司法。中国政府在政务公开、政民互动方面做了大量工作，通过政府平台和社会平台了解人民群众的需求，公众积极参与公共政策征求意见。中国的电子参与指数为 0.964，全球排名第 9。电子参与平台继续在更多国家推广，出现了一种多功能参与平台的趋势。

7. 数据治理框架不断完善

随着政府数据应用的不断深化，面临的风险和挑战不断增加，政府治理的范式也在发生转变，政府开展了利用数据治理框架和以数据为中心的电子政务战略，以创新的方式产生公共价值。已建立政府数据开放门户网站的国家数量从 2014 年的 46 个增加到 2020 年的 153 个。在接受调查的联合国成员国中，59% 的国家制定了开放政府数据政策，62% 的国家制定了元数据或数据字典，57% 的国家接受公众对新数据的请求，52% 的国家提供使用开放政府数据的指导，49% 的国家开展了数据黑客马拉松等宣传工作。随着处理复杂数据集的技术能力不断提高，这些数据集可以为决策者提供更好的洞察力和预见性，并使电子服务更高效、更可靠、更包容，尤其是在实现复杂的可持续发展目标方面，数据将发挥更大的作用。随着政府数据的急剧增加及人们对其带来的挑战和风险的认识不断提高，有效的数据治理这一需求变得更加迫切。各国政府必须采取整体政府的方法，在国家数据战略、强有力的数据领导和数据生态系统的支持下，发展总体数据治理框架。

3.1.2　中国电子政务发展实践

《2020 联合国电子政务调查报告》显示，我国电子政务发展指数从 2018 年的 0.681 1 提高到了 2020 年的 0.794 8，排名比 2018 年提升了 20 位，实现历史新高，达到全球电子政务发展"非常高"的水平。其中，作为衡量国家电子政务发展水平核心指标的在线服务指数提升至第 12 位，在线服务达到全球"非常高"的水平。在本次联合国电子政务调查报告中，我国在线服务全球排名的大幅提升，这与我国不断深化"放管服"改革及大力推动全国一体化政务服务平台建设的决心和行动密不可分。

1. 党中央、国务院高度重视信息化建设与电子政务发展

党的十八大以来，以习近平同志为核心的党中央高度重视网络安全和信息化工作，强调要以信息化推进国家治理体系和治理能力现代化，统筹发展电子政务，构建一体化在线服务平台。党的十九届四中全会提出，要创新行政管理和服务方式，加快推进全国一体化政务服务平台建设。党的十九届四中全会从推进国家治理体系和治理能力现代化的战略高度，把推进全国一体化政务服务平台建设作为完善国家行政体制、创新行政管理和服务方式的关键举措。当前，新一代信息技术的创新应用将贯穿各个领域制度体系建设和治理现代化的全过程。在坚持和完善中国特色社会主义制度、推进国家治理体系和治理能力现代化进程中，信息化是国家治理体系和治理能力现代化的基本要求和重要标志，推进国家信息化建设、发展电子政务是国家治理能力现代化的重要支撑和保障。

2. 数字政府建设逐步加快

数字政府作为新时期电子政务发展的更高级目标，是数字中国建设体系的有机组成部分，是发展数字经济和建设数字社会的基础性和先导性工程，更是再创营商环境新优势的重要抓手和重要引擎。截至2019年12月，在全国32个省级单位中，有10个省级地方政府已出台并公开数字政府规划，指导数字政府建设。多个地区成立了数字政府建设领导小组，明确了政务数据统筹管理机构协调推进数字政府建设的工作职能。各地区、各部门高度重视并探索推动数字政府改革，将其作为引领数字化时代政府改革与治理能力建设的着力点和突破口，推动政府治理从低效到高效、从被动到主动、从粗放到精准的转变，并取得了积极成效。

3. 网上政务服务能力和水平持续提升

2019年5月，国家政务服务平台上线试运行，联通32个地区和46个国务院部门，标志着以国家政务服务平台为总枢纽的全国一体化政务服务平台初步建成。一体化政务服务平台作为创新行政管理和服务的新方式、新渠道、新载体，充分发挥了对跨地区、跨部门、跨层级业务办理的支撑和保障作用，推动了更多政务服务事项从"线下跑"转向"网上办"，全方位提升了网上政务服务能力和水平。各地区将政务服务平台建设作为区域发展"软环境"的重要标杆，优化办事流程，创新服务方式，简化办理程序，以网上服务打造便企利民贴心服务的新名片，政务服务平台品牌的辨识度、知晓度、美誉度全面提升，一体化政务服务平台已经成为企业和群众办事的主要渠道。截至2019年12月，国家政务服务平台和32个省级网上政务服务平台的个人用户注册数量为3.39亿人，比2018年增长7 300万人，全国9.04亿网民中，平均每3个网民中就有1个是一体化政务服务平台用户。

4. 减审批优服务成为优化营商环境的重要内容

面对复杂的国内外经济发展环境，不少地区从群众反映强烈的办事"环节多、跑动多、收费多、材料多"问题着手，化繁为简。通过制度创新，尤其是政府管理与政务服务方面的创新，将"减时间、减环节、减材料、减跑动"作为优化政务服务的重要目标，不断提升政务服务的效率和水平，进一步优化营商环境，在国际竞争的新形势下构建新的制度优势。数字技术能够突破时空限制，让每个人都能随时随地享受高效便捷的服务。许多城市致力于提供无处不在、触手可及的政务服务，极大地提升了民众的满意度和获得感。政务服务跨地区、跨部门、跨层级协同共享，是全方位实现"一网通办"的关键所在，也是建设数字政府的重要内容。像这样打破部门界限、优化办事流程的"一张网、一体化、一窗综办"一站式集成服务，降低了企业、群众的交易成本和行政负担。截至2019 年 12 月，在省级行政许可事项中，平均承诺时限压缩了 42.82%，98.32% 的事项实现了网上可办，82.13% 的事项实现了网上受理和"最多跑一次"，34.55% 事项实现了网上审批和"零跑动"。

5. 政务信息资源开发利用深入推进

政务信息资源共享取得突破性进展，政务信息整合共享工作基本实现"网络通、数据通"的阶段性目标。全国一体化数据共享交换平台建成，一体化的数据共享响应机制日趋完善。国家一体化电子证照共享服务系统梳理了各地区、各部门证照类型 897 种，已汇集 861 种，占比 96%，证照目录总量达 31.5 亿条，为电子证照"一个证照、全国互认"提供了数据基础支撑。公共信息资源开放有效展开，全国多个地区建立了公共信息资源开放平台，开放数据的规模大幅度拓展。全国开放数据集总量从 2017 年到 2019 年增加了 6 倍，各地开放数据集中满足可机读格式标准的比例达到 82%。

6. 移动端驱动引领作用进一步加强

随着智能手机的迅速普及，移动政务服务应用正成为移动互联网时代政务服务的新渠道。在"微技术"的迅猛发展下，各地区纷纷将移动政务服务作为提升服务水平和效能的重要载体，围绕业务量大、受众面广、群众使用率高的服务事项，积极推进覆盖范围广、应用频率高的政务服务事项向移动端延伸，推动实现更多政务服务事项"掌上办""指尖办"，提升群众的获得感、幸福感。

3.2　政府数字化的现实困境

中国的数字政府建设起步于20世纪90年代，目前数字政府建设的信息化阶段基本完成，步入加速发展的数据化时代。数字经济时代，政府是数字化治理的核心主体，数字化治理是数字经济发展的保障，然而数字经济的治理是一个综合性的过程，涉及多元主体的利益诉求，将产生复杂的体系化影响。政府的数字化转型是用数字技术全面驱动政府职能和管理服务。传统的政府运行模式被行政人员个体掌控，往往缺乏对新趋势、新变化的了解，也更倾向于维护政府原有的利益。此时，如果行业、公众等体系内的利害关系人的参与程度不足，必然不利于规制的综合性和完整性，从而使规范体系自身存在不协调，反过来也降低了规制中政府的问责性和回应性。此外，政府对经济事务的监管理念和监管方式大多是基于传统经济模式设计的，越来越难以适应对数字经济的监管。传统上依靠政府监管人员的以线下监管为主的监管方式，不仅要付出极大的人力、物力、财力和时间成本，而且很难对体量大、变化快、技术性强的数字经济进行全面有效的监控。

3.2.1　主体协调和利益关系复杂

数字经济不同于其他经济形态，具有典型的"多重性"特点。数字经济面对的利益相关者数量更庞大，类型更复杂，协调和治理的难度也更大。以网约车为例，单一的网约车公司所包含的直接利益相关者就有企业员工、股东、数量庞大的注册驾驶员及广大乘客，间接利益相关者有其他网约车公司、传统出租车企业，即便不乘坐网约车的人也可能受网约车的干扰而成为利益相关者。而这些众多利益相关者之间往往存在利益冲突，化解冲突的最好方法就是在基于共同价值理念的基础上，吸纳利益相关方共同协商、共同行动，让各利益相关方在参与治理的过程中实现自身的目标价值。因此，数字经济治理要面对多利益主体的诉求，这就决定了政府要倾听、采纳、收集多方意见，照顾多方利益。

3.2.2　监管手段和信息获取不足

目前政府的监管工具、监管手段、监管人员已基本适应了对传统经济的监管，但在面对数字经济监管时突出表现为技术手段和人员知识结构不足。政府和数字经济企业之间存在严重的信息不对称，在缺乏企业积极有效的配合的情况下，政府在执法过程中由于信息不足、信息获取难等原因，很难有效开展监管活动，这也是在实际治理中要加强信息公开与信息共享的重要意义所在。政府对数字经济企业的监管，首要的一点是能够在需要的时候，获取必要的用户数据和运行数据。离开了数据的支持，也就失去了监管的基础。解决信息不对称问题和实现政府与企业之间信息的有效衔接，直接关系到政府监管政策的效力。

3.2.3　能力储备和机构设置落后

数字经济是一种全新的经济形态，对从业人员的综合能力要求较高，而且数字经济的快速发展也使从业人员的薪酬水平整体上高于传统行业。而政府监管机构一般属于行政编制或经授权的事业单位和人民团体，受制于既定的薪酬体系、招聘流程和人事制度，政府机构很难从市场上招聘到合格的专业技术人才，而现有的工作人员由于专业知识及对相关问题的认知度有限，无法跟上数字经济的发展，更谈不上有效的监管。此外，政府对数字经济的监管分工主要还是基于对传统经济分工的延伸，职能、资金和技术分散在政府各个机构，难以互通和整合，无法发挥监管合力。

3.3　政府数字化的动力引擎

数字经济是以使用数字化的知识和信息作为关键生产要素、以现代信息网络作为基本载体、以信息网络技术的有效使用作为效率提升和经济结构优化的重要推动力的一系列经济活动，与我国正在推行的供给侧结构性改革有着极高的契合度，通过创新就业、重构供应链、再造消费及引导新投资，为我国经济发展提供强大的动力。数字经济的蓬勃发展促使政府数字化转型，通过技术创新和制度创新来改变传统意识形态下低效的信息传递模式，重塑政府的业务模式、服务模式，优化行政审批流程，加强监督管理，提升服务质量，提升政府治理能力，以最大限度地刺激市场活力和社会创新力，推动社会经济实现高质量发展。

3.3.1　社会治理促使政府数字化转型

社会治理是国家治理的重要方面，加强和创新社会治理，需要完善政府负责的社会治理体系，政府数字化转型有利于打破利益固化的体制壁垒，强化各政府机构对基础信息的采集力度，消灭"信息孤岛"，以实现政法综治专业数据、政府部门管理数据、公共服务机构业务数据、互联网数据的互联互通，从根本上解决内外融合难、上下对接难等问题，构建网络化、数据化、智能化的在线政府平台，实现信息共享、统一调度、及时更新，围绕精准管理需求，推动社会治理从低效到高效、从被动到主动的转变，以保障社会的安全稳定。

3.3.2　公共服务促使政府数字化转型

公共服务包括服务设施、服务对象、服务政策、服务资金、服务人员、服务项目、交流互动、服务绩效等。政府数字化转型有利于提高公共服务水平，推动在线政务服务，为社会公众提供最直接、最便利的服务渠道，最大限度地消减政府与公众间的服务鸿沟。同时，政府数字化转型还有利于在上下级政府之间、政府不同部门之间、政府与非政府组织之间整合资源、优化配置，实现公共服务的协同供给，减少碎片化供给带来的弊端。

3.3.3　经济运行促使政府数字化转型

经济运行的稳定、发展韧性、发展活力是社会发展的重要推动力。政府数字化转型有利于建立经济运行大数据监测分析基础库，提升经济运行监测分析质效，强化经济监测、预测、预警能力。通过融合宏观经济、区域经济、产业经济、行业经济、微观经济等数据，进一步增强各行各业的数字化应用水平，及时发现内外部风险，识变、求变、应变，抓重点、补短板、强弱项，进而提高经济调节的前瞻性、有效性和针对性。

3.3.4　市场监督促使政府数字化转型

政府数字化转型有利于强化对市场的事前、事中、事后监督，最大化地提升执法效率，消除市场监督盲点，规范市场自由裁量权。通过互联网平台，各地区、各部门通过建立联动响应机制和失信约束机制，实现跨部门的联合监管，达到信用监管、社会共治，落实企业的主体责任，以实现对重点行业、物品、企业的重点监测，准确、及时发现并预警潜在风险，提升市场监督的时效性和灵敏性，为我国营造更加稳定、公开、透明、可预期的市场营商环境。

3.3.5　生态保护促使政府数字化转型

良好的生态环境是最公平的公共产品，是最普惠的民生福祉，保护生态环境就是保护生产力，改善生态环境是数字经济发展的使命所在，更是政府的监管责任。政府数字化转型有利于整合和打通各地区、各部门的生态环境数据资源和业务管理系统，促进生态环境保护各相关部门的流程再造、业务协同和数据共享，实时对生态环境进行监控、分析，及时调整政策指导方针，从源头上杜绝污染源，保护绿水青山，实现生态环境的精准治理和智能化治理。

3.4　政府数字化的建设建议

3.4.1　顶层设计，统筹规划

政府数字化转型是牵一发而动全身的重大改革和重大集成创新，是解决跨部门协同的重大任务、重大共性问题、重大决策、普惠性助企惠民服务的重要支撑，更是实现政府治理体系和治理能力现代化的必由之路。政府数字化转型是一项复杂的系统工程，既是"一把手"工程，也是"一盘棋"工程，需要各地区、各部门主要领导的高度重视和大力推动，做好全局性统筹、通盘性谋划、战略性部署，强化对政府数字化转型的总体规划设计，深化一体化的政务服务和权力运行平台，打造"一网一号一平台"行政服务运行体系。加强政务数据治理体系建设，建立健全政务数据治理体制机制，推行首席数据官制度，开展政务数据管理能力成熟度评估，全面提升政务数据管理能力，为政务数据的共享、开放、流通扫除制度障碍。深层次挖掘我国政府数字化转型动力，让企业和行业成为政府数字化转型的关键力量源泉，减轻政府投资压力，更好地促进政府数字化转型，提升政府治理体系和治理能力现代化。

3.4.2　整合资源，统一标准

贯彻落实"放管服"改革要求，明确数字政府建设重点，坚持标准化思想，积极制定数字政府标准体系规划，全面推进标准化在数字政府建设中的应用，提高数字政府建设者、使用者及相关人员的标准化意识，统筹布局标准化工作思路，保障数字政府标准体系目标清晰、技术可行、结果可见。国家层面制定数字政府建设相关标准规范，加强对各地数字政府建设的分类指导。全面推动国家标准在数字政府建设中的应用，破除标准重复制定、技术交叉等问题，坚持以标准一致原则实施数字政府建设，做到"同一标准体系、同一系列标准、同一落地应用"，从根本上解决标准不一致、不规范现象。

3.4.3　需求导向，互联互通

立足云计算、大数据、物联网和人工智能等新一代信息技术，实施信息技术的标准领航工程，对政府数字化转型亟须的政务云平台建设、政务数据开放共享、政府业务流程再造、数据交易流通和信用评价等关键领域重点投入，先行研制一批数字政府标准规范，积极推进标准的落地和实施，各地方政府要合理布局、因事施策、因地制宜。将采用的标准向社会开放，鼓励参与数字政府建设的各单位积极采用这些公开标准，对各级政府建设数字政府云平台、政务中心等基础信息设施要求使用统一标准，各个业务系统保持接口一致，实现互联互通，打造共性的底层应用平台。

3.4.4　部门协同，全面推进

当前，数字经济已成为国民经济的主要组成部分，要推动数字经济发展，必须在尊重数字经济特征的前提下，以问题为导向，加大数字经济各部门的协同力度，加强政务信息化工作的统筹协调，构建统一领导、上下衔接、左右协同、统筹有力的各部门协同联动的综合协同机构，保障数字政府建设有效推进。推动设立数字政府标准化建设小组，完善标准化管理机制，强化标准化统一领导和任务分工，实施标准统一管理、统一发布，杜绝"政出多门，多头管理"的现象，必要时可设立数字政府标准化工作专班。全面整合各级政府部门现有的业务信息系统，统筹政务数据资源，利用标准化思路破除数据孤岛，实现业务系统互联互通。加大政府数字化转型标准的宣贯和实施，选择有数字基础的公共服务领域，分步骤地开展标准化试点示范建设，打造政府数字化转型的标准化样板。定期组织政府各机构人员参加数字政府标准化培训，统一公务人员的标准化理念，在实际工作中按照一套标准，落实统一准则。

3.4.5　注重实效，考核评估

建立数字政府标准化实施评估机制，制定科学合理的数字政府标准化评价指标体系，加强标准化监督和评估，定期对已建及在建的数字政府信息化系统开展标准化应用评估，公示评估结果，对标准化建设不合格的信息系统实施重点改进，全面推进数字政府标准化建设。研究制定数字政府建设运营情况考核指标体系，作为评价各地区、各部门数字政府建设情况、运营效果、社会效益的重要手段，通过考核评估进一步促进各地区、各部门数字政府建设水平的提升。以数字政府标准化建设为先导，积极推动交通、医疗和教育等社会各领域的标准化转型，在重点领域实施政务服务标准化绩效评价，提升政府标准化治理能力。

3.4.6　多元主体，防范风险

数字经济协同机制是指在政府、企业、行业组织、公众等多元主体的参与合作下，为推动数字经济健康有序发展，各要素之间所形成的互为关联、互为因果的联结方式和协同合作的运行方式。发动多元社会主体共同参与治理的根本目的就是确保数字经济健康发展。数字经济风险由于具有信息传播快、涉及用户数量多、数字经济企业体量大的特征，某种程度上体现出公共经济风险的属性特征，而政府又是化解、处置公共经济风险的主导者，因此，建立政府主导、其他主体协同参与的数字经济风险防范和化解机制具有合理性。

数字经济协同机制具有以下优势。首先，数字经济治理的多方"协同性"提高了风险应对水平。协同治理下的协同行动、联合行动汇聚了多方智力和力量，较之政府单独决策和执行，其决策更具科学性和执行力，也有效调动了全社会的积极性，用全社会之"长"，补自身治理之"短"，从而提高政府应对数字经济风险的能力和水平。其次，数字经济风险的治理效果在"多方"框架下由集体共同认定。一般来说，社会对某种风险的感知一定程度上来自社会成员的集体认知，虽然数字经济是新生事物，但采用协同治理模式能够吸收社会各方参与，既能让全社会意识到数字经济的潜在风险，又能使治理成效被大多数社会成员所接受。

3.5　政府数字化的成效和趋势

　　党的十九届四中全会通过的《中共中央关于坚持和完善中国特色社会主义制度推进国家治理体系和治理能力现代化若干重大问题的决定》（以下简称《决定》）对"坚持和完善中国特色社会主义行政体制，构建职责明确、依法行政的政府治理体系"做出了明确部署，并提出了建设数字政府、构建全国一体化政务服务平台等重点任务，为加快建设人民满意的服务型政府指明了方向，提供了根本遵循。

　　随着我国"互联网＋政务服务"工作的深入推进，全国一体化在线服务平台建设步伐不断加快。2019 年，中国软件评测中心开展了数字政府服务能力评估工作，总结了当前我国数字政府建设的成效和发展趋势，通过发挥第三方"监督员"作用，协助各级政务信息化部门"以评促管、以评促建、以评促用、以评促维"，助力各地加快构建高效惠民的智慧型数字政府，为人民群众提供更加智能、更加便捷、更加优质的公共服务。

3.5.1　数字政府建设进入全面提升阶段，服务能力评估面临融合跨域新态势

　　《决定》明确提出："建立健全运用互联网、大数据、人工智能等技术手段进行行政管理的制度规则，推进数字政府建设，加强数据有序共享，依法保护个人信息。"通过连续 18 年的电子政务领域跟踪研究和绩效评估，我国数字政府建设经历了萌芽期（1996—2001 年）、探索期（2002—2011 年）和巩固期（2012—2018 年）之后，数字政府依托的基础设施建设进一步夯实，各地方统一谋划部署、统筹协调推进数字政府建设的机制逐渐制度化，多地创新数字政府建设模式的步伐不断加快。目前，数字政府建设已经进入全面提升阶段，数字政府建设发展进入新时期。2019 年，数字政府服务能力评估选取了 32 个省级政府、27 个省会和5 个计划单列市政府为对象，评估各地数字政府服务渠道、服务功能、服务体验、综合保障及创新实践情况，同时还对部委、地方政府 870 余家网站开展了专项评估。评估结果显示，北京、浙江、广东、深圳等 15 个（占

比 23.4%）省级政府和重点城市数字政府服务能力达到优秀水平，江苏、安徽、南京等 19 个（占比 29.7%）省级政府和重点城市数字政府服务能力达到良好水平，数字政府服务能力达到良好以上水平的省级和重点城市数量超过一半。

新时期的数字政府建设改变了过去分散建设、单部门建设的模式，重点从组织扁平化、业务协同化、数据共享化改革入手，重塑组织架构、业务架构、技术架构，最终目标是建成线上线下融合的一体化服务型政府。这一时期数字政府建设的核心使命是支撑国家治理体系和治理能力现代化，基本目标是对内推动政府系统性、协调性变革，对外建设人民满意的服务型政府；关键环节是实现技术融合、业务融合、数据融合；重点方向是实现跨层级、跨地域、跨系统、跨部门、跨业务的协同管理和服务建设。

3.5.2　数字政府成为推进服务型政府建设的重要抓手，人民获得感、幸福感、安全感成为电子政务评价的新标准

数字政府建设在创新政府管理和服务模式、提升行政管理和服务效率、提高政府公信力和执行力、改进优化营商环境方面发挥的作用越来越明显。数字政府建设成为政府以信息化推动政府治理体系和治理能力现代化，提高管理和服务一体化、便捷化、智能化水平，建成人民满意的服务型政府的重要抓手。

1. 深化政务公开，强化政策解读和舆情引导，提升政府透明度和公信力

近年来，各地区、各部门基本能够围绕国家和地区的重点工作、部门职能、社会关注重点，利用政府网站、新媒体渠道开通相关专题栏目，推进政务信息公开。评估数据显示，2019 年 1—10 月，省级政府、省会和计划单列市利用门户网站直接发布的脱贫攻坚、生态环境保护、扫黑除恶及"不忘初心、牢记使命"主题教育信息共计 45 000 余条。其中，脱贫攻坚、生态环境保护专题信息发布量均超过 1 万条。八成以上的部

委网站、九成以上的地方政府网站开设了政策解读栏目，以文字、图解、音视频等形式开展政策解读。多个部委、地方政府网站开设了回应关切类专栏，对涉及本部门、本地区的重大突发事件、重大政府决策、社会热点问题、网络谣言等进行回应。政府网站成为各地区、各部门落实中心工作宣传、社会公众便捷获取政府重点信息的权威渠道，成为开展政策解读、回应关切、引导舆情的主阵地，在促进透明政府建设、提升政府公信力方面发挥了积极作用。

2. 创新政务服务方式，让人民群众更有获得感

为了让百姓办事像网购一样方便，当前各地区、各部门坚持以人民为中心的工作导向，按照国家要求持续推进"互联网＋政务服务"建设，把政府门户网站作为在线服务统一门户，不断探索"一网通办""不见面审批""秒批"等创新服务方式，提升用户体验。上海、浙江、广东、贵州等地深化一体化在线政务服务体系，打通部门界限，优化业务流程，围绕企业、群众眼中的"一件事"，为企业、群众提供集成"套餐"服务。浙江、江西两省联合推进跨区域数据共享，实现身份证等 11 本证照跨省互认。江苏、浙江、广东、贵州等多地积极落实政务服务"好、差评"制度，人民群众的获得感、幸福感、满意度不断提升。

3. 打造政民互动直通车，提升政府治理权威性

评估结果显示，超过 90% 的政府网站建立了多样化的互动交流渠道，解民忧、听民意、汇民智，利用留言咨询、在线访谈、征集调查等方式与公众开展互动交流，解决公众难题，听取公众意见与建议，鼓励公众参政问政，努力实现"民有所呼，我有所应"，不断提高公共政策制定的民主化水平，增进公众对政府工作的认同和支持，提升政府的公信力和权威性。

3.5.3　数字政府成为一体化政府建设的重要助推器，制度和技术双轮驱动成为优化创新新手段

一些地区结合国家机构改革，在管理体制、运行机制等方面积极探索创新，通过打造服务新平台、构建新机制、拓展新渠道，提升政府履

职能力，推动实现政府由分散服务向整体服务转变，由单部门办理向多部门协同办理转变，间接推动一体化整体政府建设。

1. 集约化建设促进行政成本降低、行政效率提升

当前，各地纷纷改变过去的分散建设模式，加强地区统筹，集约化开展数字政府建设。上海、浙江、陕西、宁夏等地统筹建设电子政务云平台。北京、湖北、湖南、广东、广西、贵州等地加快政府网站集约化建设步伐。截至 2019 年 11 月底，全国政府网站数量已集约至 1.45 万家，超过 80% 的网站完成了平台和资源的整合迁移，政府网站逐渐告别"建而不管""散、乱、差"等现象，政府网站建设重心已由实现合格达标向追求规范优质转变。福建、浙江、江西、广东等多地统筹建成全省政务服务 App。此外，多地政府网站也加紧实现与政务服务平台的对接。联通 31 个省（区、市）及新疆生产建设兵团、40 余个国务院部门政务服务平台的全国一体化在线服务平台基本建成，并实现与中央政府门户网站的链接，中央政府门户网站基本成为全国政务服务的总门户、总入口。多地政务服务平台（网）实现与本级政府门户网站的整合对接，在线办事服务向规范化、标准化、集约化建设迈进了坚实的一步。政府网站、政务服务平台、政务 App 的集约化建设能够节约行政成本，集中行政资源做好服务工作。同时，集约化建设也能推进政府资源的集约共享，"让数据多跑路，让群众少跑路"，更加方便群众网上办事，提高了政府行政效率。

2. 线上线下互补建设，促进实体政府与虚拟政府融合发展

多地在数字政府建设过程中，积极推进部门间数据共享，通过职能优化、业务流程再造，推进实体政务大厅、网上政务服务平台、移动客户端、自助终端、服务热线相结合，实现线上线下功能互补、融合，实体政府与虚拟政府一体化融合发展态势明显。例如，佛山市推行行政审批标准化，实现实体综合窗口、网上大厅无差别审批服务，将"一门式、一网式"政务服务延伸到网上办事大厅、自助服务终端、12345 热线，做到线上线下一套服务标准、一个办理平台。浙江、江苏等省建立了 12345 统一政务咨询投诉举报平台，将各部门非紧急类政务热线及网上信箱等网络渠道整合纳入 12345 统一政务咨询投诉举报平台，统一管理。

3.“一体多翼”服务格局让公众获取服务更便捷

当前，大多数地区、部门积极利用政务新媒体渠道传播政府网站内容，方便公众及时获取政府信息和服务。福建、江西、广东等地开发了集约化的移动政务 App 或微信小程序，实现办事服务“掌上办”“指尖办”。福建闽政通 App 整合了全省 25 类超过 500 项便民服务事项，推进省、市、县高频便民服务事项移动端办理。广东省推行的“粤省事”移动民生服务，使 880 余项高频服务事项中有 670 多项实现“零跑腿”，群众办事越来越省事，受到了群众的欢迎。以政府网站为核心、多种政务新媒体渠道共同发展的“一体多翼”在线服务格局，成为当前各地数字政府服务能力建设的重要形式，也是各级政府利用互联网、大数据等现代信息技术手段提升治理能力和治理现代化水平的重要体现。

3.5.4　数字政府成为提升治理智慧化水平的重要工具，数据智慧赋能成为数据治理新模式

基于大数据支撑，重视算法驱动作用，建立健全运用人工智能、互联网、大数据等信息技术手段进行行政管理，通过数据智慧赋能，聚焦数据治理，解决数字资源、数据资产、数据资本跃升，成为优化政府职责体系的重要手段。

1. 数据赋能，促进政府治理能力提升

当前，数据已经成为驱动数字经济创新发展、构建数字政府的核心要素。利用好数据资源，有利于促进经济高质量发展，促进部门协同，优化营商环境，改善公共服务。数据内部共享可以支撑“互联网＋政务服务”建设深入推进。例如，江苏省数据共享平台与国家平台及 13 个设区市平台实现了互联互通，累计申请国家部委接口 31 个，调用 1 300 万次，提高了政务服务在线办理效率。各地政府积极运用数据加强社会治理，辅助决策。例如，贵州省精准扶贫大数据支撑平台打通了公安、教育、人社等 10 多个部门的数据，提高了扶贫、脱贫的精准度。

2.深化技术创新，提升政府治理智慧化水平

部分地方政府在大数据、人工智能、区块链、5G等新技术应用方面取得了积极进展。北京市政府网站"一网通查"智能搜索服务着力破解政务信息"找不到、找不快、找不准"问题。浙江省创建了全国首个区块链电子票据平台，实现了电子票据全过程"上链盖戳"，保证票据的真实性和唯一性，提高监管效率。广州南沙区在全国首推5G政务应用，实现群众办事"毫秒办"。当前各地在推进数字政府建设方面探索了许多创新做法并大胆尝试，让企业、群众更多地体会到政务信息化带来的获得感、幸福感和安全感。

3.5.5　明晰新时期数字政府建设发展重点关注方向，推动数字政府建设进入高质量发展新阶段

当前，我国数字政府建设取得了显著成效，下一步应从加强统筹协调机制建设、深化网上政务服务能力建设、强化政务数据资源开发利用、建立健全考核评估制度等方面入手，进一步明晰新时期政府数字化转型的方向，持续推进数字政府服务能力建设。

1.加强统筹协调机制建设

各地应加强政务信息化工作的统筹协调，构建统一领导、上下衔接、左右协同、统筹有力的各部门协同联动的综合协同机构，保障数字政府建设的有效推进。国家层面制定数字政府建设相关标准规范，加强对各地数字政府建设的分类指导。

2.深化网上政务服务能力建设

进一步破除在不同层级、地域、部门、系统之间的数据壁垒，促进政务数据有序共享，明确数据共享的种类、标准、范围、流程等，实现网络通、数据通、业务通。推动政务服务标准化建设，实现政务服务事项无差别受理、同标准办理。重视大数据、人工智能、区块链等信息技术的应用，强化治理创新与技术创新的结合，促进公共服务智慧化、社会治理精细化、市场监管精准化水平不断提升。

3. 强化政务数据资源开发利用

以用户需求为导向，利用政府网站等平台逐步推动政务数据向社会开放，推动政务数据资源开发利用制度化、规范化、法制化。指导各地数据资源开发利用行为，促进大众创业、万众创新。

4. 建立健全考核评估制度

按照依托互联网深化"放管服"改革、建设人民满意服务型政府、优化营商环境等要求，研究制定数字政府建设运营情况考核指标体系，用以评价各地区、各部门数字政府的建设情况、运营效果、社会效益，并进一步促进各地区、各部门数字政府建设水平的提升。

第4章

产业数字化

产业数字化是以传统产业和科技产业共建融合为基础，利用数字技术对业务进行升级，推动产业供给侧和需求侧运营流程的数据在线，链接客户、结构可视、智慧决策，对产业链上下游的全要素进行数字化改造，从而实现产业降本增效、提高用户体验、增加产业收入和升级产业模式，进而提升生产的数量和效率的过程。产业数字化的变革正在加速重构全球产业新纪元。

4.1 产业数字化的现状

数字科技的创新加速了经济社会形态和运行方式的变革，在数字科技的支撑和引领下，产业链上下游的要素正在进行数字化升级、转型和再造，一场更大范围、更深层次的科技革命和产业变革正在重构全球创业版面，重构产业发展方式。数字科技和产业发展相结合，为产业数字化提供了强大的技术驱动力，促进产业生产精准化、经营网络化、管理数据化、服务在线化，培育出一批网络化、智能化、精细化的现代产业发展新模式，加快产业现代化发展步伐。新技术、新产品不断突破，新模式、新业态不断涌现，不断培育新的增长点，形成新动能，催生了智能制造、智慧物流、电子商务、智慧金融等新兴业态，加快推动了生产性服务业的优质高效发展。

2018 年 4 月，习近平总书记在全国网络安全和信息化工作会议上明确指出，要发展数字经济，加快推动数字产业化，依靠信息技术创新驱动，不断催生新产业、新业态、新模式，用新动能推动新发展。《"十三五"国家信息化规划》将"数字中国建设取得显著成效"作为"十三五"时期国家信息化发展的总目标。2020 年 3 月召开的中央政治局常委会议强调，要加快 5G 网络、数据中心、人工智能、工业互联网等新型基础设施建设，夯实产业数字化发展基础。2020 年 4 月发布的《中共中央、国务院关于构建更加完善的要素市场化配置体制机制的意见》中，将数据与土地、劳动力、资本、技术等传统要素并列为生产要素，统筹布局了国家大数据综合化数字经济创新发展试验区、国家新一代人工智能创新发展试验区等一批先行示范区，组织实施宽带覆盖、企业上云、中小企业数字化赋能等重大工程，将数字化作为实现数字经济和实体经济深度融合发展的重要途径，是新时代背景下适用数字经济发展的必由之路和战略选择。新冠肺炎疫情期间，我国数字经济展现出了强大的活力和韧性，许多新业态、新模式所提供的高质量供给及其在抗击疫情中推动形成的成熟商业模式和消费习惯，正在引领创造我国经济转型发展的新需求，展现出强大的成长潜力。2020 年 4 月，国家发展改革委、中央网信办、工信部等部门联合发布了《关于支持新业态新模式健康发展　激活消费市场带动扩大就业的意见》，明确提出，要培育产业平台化发展生态，打造跨越物理边界的"虚拟"产业园和产业集群，发展基于新技术的"无人经济"等，为加快推进产业数字化转型、壮大实体经济新动能发挥政策"指挥棒"和"助推器"作用。麦肯锡全球研究院早前发布的《数字时代的中国：打造具有全球竞争力的新经济》报告显示，到2030 年，数字化的三股推动力，即去中介化、分散化、非物质化将转变并创造10% ～ 45% 的行业总收入，滚滚而来的数字化浪潮将席卷中国，为中国经济带来巨大的转型机遇，提升中国的生产效率、生产力及企业的全球竞争力。

长期以来，我国产业体系在全球价值链中的分工一直处于中低端，缺乏竞争力。数字化转型有助于推动产业对外开放，促进我国企业参与国际竞争，加强创新能力开放合作，促进产业的高质量发展。当前，信息化、网络化、数字化、智能化交织演进，网联、物联、数联、智联迭代发展，全球正在加速进入以"万物互联、泛在智能"为特点的数字新时代，人类有望迈入一个以数字化生产力为主要特征的全新历史阶段。数字化在驱动产业效率提升的同时，改变了传统产业的经营理念，为我国产业结构升级提供了方案。面对发达国家在核心技术、人才资源等方面的封锁，我国企业应该把握新一轮科技革命带来的机遇，利用数字化连接整合全球资源，发展数字化业务和重大技术，加快数字技术在现实场景中的商业化应用，推动产业合作网络、产业链与价值链的创新组合，建立新的比较优势，实现产业快速发展。

4.2　产业数字化的内涵

对于产业数字化的内涵及如何推进产业数字化，不同国家、不同行业和不同机构有不同的理解，但本质上大体相同。德国对产业数字化的理解充分体现在"工业4.0"上，德国"工业4.0"战略核心是通过信息物理系统实现人、设备与产品的实时连通、相互识别和有效交流，构建一个高度灵活的数字化、网络化的智能制造模式，保持德国制造业的国际竞争力。欧盟委员会认为数字化转型应该聚焦三个目标：①让技术为人服务；②打造公平和有竞争力的经济环境；③实现开放、民主、可持续发展的社会。中国信息通信研究院认为，产业数字化是传统第一、二、三产业由于应用数字科技所带来的生产数量和生产效率提升，其新增产出构成了数字经济的重要组成部分。国务院发展研究中心将数字化转型定义为"利用新一代信息技术，构建数据的采集、传输、存储、处理和反馈的闭环，打通不同层级与不同行业间的数据壁垒，提高行业整体的运行效率，构建全新的数字经济体系"。华为公司认为，"数字化转型是通过新一代数字科技的深入运用，构建一个全感知、全连接、全场景、全能的数字世界，进而优化再造物理世界的业务，将传统管理模式、业务模式、商业模式进行创新和重塑，实现业务成功"。

结合上述观点，本书对产业数字化的定义为：产业数字化是在新一代数字科技的支撑和引领下，以数据为关键要素，以价值释放为核心，对产业链上下游的全要素进行数字化升级、转型和再造的过程。总结起来，产业数字化的内涵如图 4-1 所示。

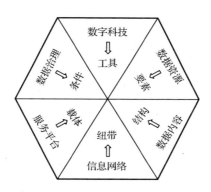

图 4-1　产业数字化的内涵

当前，以云计算、物联网、区块链、人工智能、大数据等为代表的信息技术正在赋能产业链。如图 4-1 所示，产业数字化以数字科技变革生产工具，以数据资源为关键生态要素，以数据内容重构产品结构，以信息网络为市场配置纽带，以服务平台为产业生态载体，以数据治理为发展机制条件。产业数字化转型促进产业跨界融合，加快了要素流通，促进了要素配置的优化，倒逼企业提升技术创新能力，进而推动产业技术升级。在数字经济下，产业组织的基本单位不再是企业，而是企业之间以用户价值为出发点建立合作关系而形成的数字化生态。数字化转型重构了产业组织的竞争模式，增强了竞争机制，有助于提高资源利用效率，促进收益公平分配，推动产业组织持续优化。产业升级的本质在于企业生产力和市场竞争力的提升，数字化赋能产业组织升级体现在实现以用户价值为导向、提高全要素生产率、增加产品的附加价值及促进现代产业体系的培育等方面。

4.3　产业数字化的现实意义

产业数字化发展对企业、行业及宏观经济、市场发展都具有极其重要的意义：从微观看，产业数字化再造企业质量效率新优势；从中观看，产业数字化重塑产业分工协作新格局；从宏观看，产业数字化加速新旧动能转换新引擎。

4.3.1　数字化助推产业新模式、新场景

数字经济时代，数据已经成为新的生产要素，以物联网、大数据、人工智能、5G、区块链等为代表的数字科技可以创新生产、分配、交换和消费等经济社会各个环节，加快了各环节关键核心技术的创新突破，提高了创新成果转化和产业化的效率，促进形成了智慧城市、智慧园区、智慧物流、智慧建筑、智慧农业等新型产业，线上购物、线上办事、线上办公、线上支付等彻底改变了我们的生活，数字科技的广泛应用和消费需求的变革催生了共享经济、平台经济、互联网经济等新业态、新模式。

4.3.2　数字化助推产业价值增值和创造

产业数字化来源于实体经济，服务于经济实体是产业数字化的根本任务。数据可以打通产业链各环节的内外部连接，形成上下游企业的协同关系，实现业务和技术应用在多产业、多链条的网状串联和协同，产生更大的产业价值和客户价值。随着产业数字化转型的深化，整个产业链会产生大量数据，将大数据分析的结果应用到实体场景中，会释放数据资产红利，实现价值增值和创造。

4.3.3　数字化助推产业效率提升和改变

数字化有助于实现生产、物流、仓储、销售等各个环节的降本增效。首先，数字科技可以提升产品生产制造过程的自动化和智能化水平，降

低产品研发和制造成本，提高生产效率。其次，依托互联网平台可以实现产用结合，供需灵活，弹性对接，从而降低企业的仓储、营销成本。最后，通过大数据分析，可以帮助企业实现精准化营销、个性化服务，实现商业模式的创新和变革，从而降低销售服务环节的成本。此外，数字化可以重塑产业流程和决策机制，实现产业效率的提升和成本结构的改变，通过降低边际成本来实现规模覆盖，形成规模效应和网络效应。

4.3.4　数字化助推传统企业升级和优化

由于全球化速度放缓和我国劳动力成本优势逐渐消退，我国传统产业面临的需求乏力、品牌效益不明显、竞争过度、产能过剩等问题日益突出，传统企业迫切需要探寻新的增长机会和模式。与此同时，数字科技日新月异，产业数字化服务愈加广泛，从金融科技、资管科技、数字农牧、数字乡村、数字营销到智慧城市，数字科技实现了技术上的进阶及与实体产业的快速融合。数字化为传统企业的转型升级带来了希望，传统产业成为当前数字科技应用创新的重要场景，通过向各行各业渗透数字化知识和技术，引导第一、二、三产业融合发展，正是数字科技和传统产业之间的融合支持了数字经济的快速发展。

4.4　产业数字化的特征

在国家政策推动、数据要素驱动、龙头企业带动、科技平台拉动、产业发展联动等多方面因素的共同作用下，我国产业数字化转型的效果初步显现，传统产业数字化转型整体进度加快，并呈现出以下几个特点。

4.4.1　数据要素成为产业数字化发展的"主动脉"

产业数字化转型能有效优化资源配置效率，数据在其中发挥着关键生产要素的作用。

1. 数据促进生产组织方式集约、发展方式转变、产业生态创新

1）数据驱动生产效率提升

随着数字科技的发展，数字化装配和虚拟化生产正在引领产业生产方向，推动传统生产由实物模拟向数字仿真转变。例如，飞机、高铁、汽车、军工等制造领域数字化装配不断推广应用，通过各零部件数字建模，开展整机实物装配前的"数字组装"，推动问题早发现、早改进，实现生产过程快速迭代和持续优化；建筑信息模型有效促进了建筑工程全生命周期信息数据的共享与交换，开启了建筑行业新模式。

2）数据驱动生产模式转变

通过整合生产设备数据、产品参数数据、需求订单数据，使用户直连制造（Customer-to-Manufacturer，C2M）成为可能，依托生产线的自动化、定制化、节能化能力，能够使生产控制更加精准，生产制造的协同化、个性化水平显著增强，进一步激发生产力，推动制造业供给侧的结构性改革。

3）数据激发经营链条拓展

通过监测产品工作状态信息并综合开发利用，推动企业业务从产品生产销售向生产型服务领域延伸，发展模式向提供持续服务转变，实现制造业服务化转型升级。

4）数据支持经营决策的科学性

基于产业链上下游数据共享与业务协同，推动跨行业、跨区域创新组织的建立，以及协同设计、零库存生产、众包众创等新模式的发展，有效提升企业的管理能力。

5）数据推动产业生态创新

我国拥有巨大的消费市场和多样化的消费需求，通过采集用户消费行为、可穿戴设备、家居产品等相关数据，推动技术产品和服务的跨越式创新，为消费者提供精准画像和千人千面的个性化服务。

2. 加强数据资产管理成为数字化转型中企业的共识

数据治理能力显著增强，伴随着企业内部数据的不断积累和大量外部数据的引入，数据规模扩大、数据质量不高、业务之间数据融合度低、数据应用不到位等成为当前迫切需要解决的问题。相关企业围绕数据的采集、传输、存储、清洗、应用等环节进行规划，基于数据全生命周期进行数据资产治理体系建设，提高数据资产价值、开展数据资产运营成为企业发展的重要任务。数据应用范围不断拓展，已经从传统的企业内部应用为主，发展到支持内部和服务外部并用，挖掘和释放数据价值、扩展数据应用和服务成为企业经营的重要内容。

4.4.2　科技平台成为产业数字化发展的"牛鼻子"

随着物联网、大数据、云计算、人工智能等数字科技的迅速发展，产业数字化转型的步伐加快。科技平台通过改变企业的设计、生产、管理和服务方式，推动数据、劳动、技术、资本、市场等全要素的全面互联和资源配置优化，促进供应链、创新链、服务链、物流链、金融链等全产业链上下游的高度协同，生产、流通和消费一体化更加广泛，新的经济模式不断涌现。基于科技平台，数据资产持续积累，技术架构平滑演进，业务经验不断沉淀，发展模式逐步优化，支撑企业数字化转型步伐加快，经营状况持续向好。

1. 科技平台是企业数字化转型和创新发展的"转换器"

当前，企业数字化转型步伐加快，在推动生产设备数字化改造和企业内网建设的同时，越来越多的企业通过自建或租用科技平台的方式，构建海量设备与业务应用的桥梁，打造企业全要素连接的枢纽，重新定义和优化整个价值流程，实现企业内部数据采集、汇聚、分析和决策，推动生产经验和知识模型的沉淀，加快生产流程优化和商业模式变革。

1）科技平台驱动生产和管理效率提升

依托先进的数字化技术和强大的数据分析能力，结合企业生产过程数据实时监控、生产管理动态调整、物流配送有效衔接、经营决策科学高效等应用，支撑企业实现先进制造、生产与运营管理优化和智能化决策。

2）科技平台驱动产品供给创新

通过多渠道深度交互，能够及时传导用户个性化需求，提高市场响应速度，加快形成高质量、多层次的产品供给体系。

3）科技平台驱动商业模式变革

通过整合数据流，引领业务流、资金流、技术流，促进原有产品体系和服务方式的演进和转变。例如，红领集团开发了服装生产 C2M 平台，以批量化的生产形式、个性化的产品形态满足了用户需求，生产成本下降了 30%，设计成本下降了 40%，原材料库存减少了 60%，生产周期缩短了 40%。

2. 科技平台是行业数字化转型和协同发展的"助推器"

科技平台能使信息匹配更加精确，效率更高，信息互动反馈更快，进一步通过数据融合共享、技术模块服务、业务场景应用，推动行业上下游资源整合，打造协同发展生态。

1）重点龙头企业建立"行业灯塔"，引领行业数字化转型

重点龙头企业通过搭建科技平台，推动自身数字化发展，并将各自关于数字化实践的经验赋能中小企业，形成对上下游相关主体的支撑。例如，海尔的 COSMOPlat 平台除推动自身转型外，还赋能衣联网、食联网、建陶、农业、房车、化工等 15 个行业物联生态，带动中小企业发展。据统计，目前我国工业互联网已经在航空、石化、钢铁、家电、服装、机械等多个行业得到了应用，具备行业、区域影响力的工业互联网平台超过 80 家，平均设备连接数 69 万台。这些科技平台汇聚共享了设计、生产、物流等制造资源，有效整合了产品设计、生产制造、设备管理、运营服务等数据资源，开展面向不同场景的应用创断，不断拓展行业价值空间。

2）科技公司建立"科技超市"，助力产业数字化发展

各科技公司纷纷利用自身的数字技术和资源建立数字化平台赋能实体产业，帮助产业实现业务模式升级。例如，京东数字科技集团为大宗

商品行业提供的服务平台包括大宗商品产业链协同服务、大宗商品智慧物联仓库、大宗商品在线金融、大宗商品风险管理等多个垂直数字化解决方案，能够使大宗商品流转管理成本降低 30%，流转效率提高 15%。

4.4.3　服务业成为产业数字化发展的"领头羊"

随着互联网特别是移动互联网的发展，中国消费互联网发展迅猛，零售（电商）、金融、餐饮、出行、教育、医疗、社交等服务行业拥抱互联网，依托各类互联网平台促进供需对接和消费模式创新，中国前端消费侧的数字化水平全球领先，消费行为高度数字化。得益于国内强大的消费市场和服务业数字化转型发展需求，京东、阿里巴巴、腾讯、百度、美团、拼多多等多家企业市值排名进入世界互联网企业 20 强。据统计，2018 年我国工业、服务业、农业数字经济占行业增加值比重分别为 18.3%、35.9% 和 7.3%。

1. 电子商务拉动内需强劲有力

我国电子商务的发展规模连续多年世界第一，质量和服务水平不断提高，线上线下融合日益紧密，基于个人消费和浏览习惯的用户画像广泛应用，个性化推送实现了用户接口"千人千面"的消费新体验。国家统计局公布数据显示，2019 年全国网上零售突破 10 万亿元大关，达到 106 324 亿元，比 2018 年增长 16.5%，2020 年"6·18"期间，京东平台累计下单金额 2 692 亿元。国内初步形成了淘宝、京东、拼多多三足鼎立，苏宁、当当、网易等多点开花的电子商务发展格局。2020 年新冠肺炎疫情防控期间，尽管居民减少了外出聚餐、购物、旅行、教育和娱乐，但消费升级仍在继续，网上购物逆势爆发。此外，电商平台借助渠道优势积极平衡供需，京东与开展自营合作的各品类品牌商家密切沟通，推动厂家加班生产、优化库存，争取更快的到货时间和更多的到货数量。

2. 平台经济促进供需对接精准高效

实践证明，平台经济已成为商品交易市场转型升级和创新发展的重要方向和途径，其将与商品流通有关的生产、流通和各种服务资源有效集聚，使交易和流通更加便利、快捷、精准、高效，进而带动全产业链升级和效率提升。目前，我国共享经济已经渗透到餐饮住宿、物流快递、交通出行、生活服务、医疗保健、知识技能、科研实验等多个领域。据国家信息中心测算，2019 年我国共享经济市场交易额为 32 828 亿元，比 2018 年增长 11.6%，未来三年仍将保持年均 10% 以上的增长速度。此外，随着移动互联网的普及，体验经济、社交经济、直播带货等服务新模式、新业态不断涌现，正在改变人们的生活方式。

3. 教育医疗等传统服务业数字化转型步伐加快

受新冠肺炎疫情影响，2020 年春季，我国大中小学延期开学，线下教育培训停课，门诊医疗服务门可罗雀，大量教育培训机构、医疗服务等转向在线服务。在线教育方面，新冠肺炎疫情期间，各地通过国家中小学网络云平台、中国教育电视台及其他各级网络教育资源平台开展在线教学，教育类小程序累计用户达到 1.3 亿人，环比增长 82%，如猿辅导教育机构 2020 年 2 月 3 日创下了"全国 500 万中小学生同日在线听课"的行业纪录。医疗服务方面，新冠肺炎疫情期间，"丁香园"平台在线活跃医生总数约 1.5 万名；"平安好医生"平台累计访问人次达 11.1 亿次，新注册用户量增长 10 倍；"京东健康"上线"京东义诊"服务，2 000 位医生在线提供免费问诊等医疗服务；受行业爆发式增长的推动，阿里健康、平安好医生、卫宁健康的市值涨幅分别达 55.11%、30.52%、46%。

4. 生活消费领域"一站式"服务趋势明显

近年来，生活服务"一站式"App 正向着生活超级平台不断演化。大众点评、58 同城、携程、美团等互联网服务平台以互联网融合传统线下服务业，通过用科技和创新赋能传统产业，推动服务资源整合，搭建了大众消费者和服务从业者、线下传统服务业和线上互联网数据之间的桥梁，加深了消费用户的情感，为老百姓提供了"吃住行、游购娱"等"一站式"解决方案，在改善和提升消费者生活品质的同时，更深刻地影响和改变了广大用户的生活习惯和消费方式。例如，在美团上，顾客可以点外卖、预订餐厅、预订酒店、购买电影票、兑换美甲券和按摩券等。

4.4.4　政企协同成为数字化转型发展的"双飞翼"

党的十九大提出要建设网络强国、数字中国，支持传统产业优化升级，加快发展先进制造业，推动互联网、人工智能和实体经济深度融合。2020 年 3 月召开的中央政治局常委会会议强调，要加快 5G 网络、数据中心、人工智能、工业互联网等新型基础设施建设，夯实产业数字化发展基础。抢抓新一代信息技术革命发展机遇，实现企业及产业层面的数字化、网络化、智能化发展，成为传统产业实现质量变革、效率变革、动力变革的重要途径和发展共识。

1. 政府带头进行一体化数字政府建设

党的十八大以来，各地区、各部门以电子政务和新型智慧城市建设为抓手，深入推进"互联网＋政务服务"，加快触网、上网、用网步伐，初步建成了全国一体化在线政务服务平台，涌现了一批"只进一扇门""最多一次跑""不见面审批""城市大脑"等创新实践。随着政务 App 的推广应用，"掌上办""随身办"成为一种新时尚。截至 2019 年 6 月底，我国 31 个省（区、市）及新疆生产建设兵团和 40 多个国务院部门已全部开通网上政务服务平台，其中，浙江省、市、县三级政务服务事项网上可办比例达 95.2%。通过进一步开发政务 App、普及自助终端，越来越多的事可以通过小程序、App、自助终端等渠道"指尖触达"，群众只需刷刷脸、动动手指，就可享受指尖办、随时办、随地办的便捷体验。数字政府建设在新冠肺炎疫情防控方面也发挥了积极作用，多地通过网格化管理精密管控、大数据分析精准研判、移动终端联通民心、城市大脑综合指挥，构筑起全方位、立体化的疫情防控和为民服务体系，显著提高了应对新冠肺炎疫情的敏捷性和精准度。

2. 企业数字化转型发展意愿强烈

传统产业数字化改造带来的效益明显。数据显示，通过建设数字化车间或智能工厂，企业生产效率平均提升 37.6%，能源利用率平均提升 16.1%，运营成本平均降低 21.2%，产品研制周期平均缩短 30.8%，产品不良率平均降低 25.6%。基于数字化改造的巨大效益，多数企业都提出了数字化转型发展的需求，以实现降本增效和高质量发展。IDC 调查数据显示，2018 年，67% 的全球 1 000 强企业和 50% 的中国 1 000 强企业都将数字化转型作为企业的战略核心，企业数字化转型的意愿强烈。为推动产业数字化发展，华为、中兴、沈阳机床、海尔、格力、三一重工、联想、中石化、宝钢等一大批行业领军企业都纷纷设立了相关研究院，加大技术开发投入，通过技术创新引领行业的发展。我国一些工业的平台化发展已经出现雏形，中国航天、宝钢、中船重工、中国电子等大型国有企业已经建立了企业级的工业互联网平台，也涌现出一批依托工业电商平台创新的微观主体和新型模式。

4.5　产业数字化的动因

4.5.1　生产过程复杂化

工业化的持续推进使生产制造越来越复杂，也对生产制造过程的各方面提出了更高的要求。数字化转型有利于构建智能制造的生产方式，提高生产过程中各维度的要求，应对成本上升问题，加快向创新驱动型发展方式转变。一是加快生产模式变革。引导有条件的企业加快传统制造装备联网、关键工序数控化等数字技术改造升级，提升数字制造、智能制造水平，实现精益生产、精细管理和智能决策。二是推进企业"上云"，融入产业互联网生态。鼓励企业从云上获取资源和生产性服务，推进企业设备"上云"和业务系统向云端迁移，从企业主导模式向共享制造、个性化定制等消费者主导 C2M 模式转型。

4.5.2　市场需求多样化

数字经济时代，市场需求主要呈现出多样化、定制化、多批小量的特点，以面向实际应用需求为主，属于典型的离散型制造。生产管理的复杂度发生了较大的变化，作为需求与供应衔接的核心部分，生产计划显得越来越复杂，在准时、保质、保量满足市场需求方面面临严峻考验。

在有限的、约束性资源条件下，企业的生产组织愈加困难，生产瓶颈难以突破。数字化转型有助于企业构建快速精准的生产组织方式来充分满足市场需求，从"长尾效应"中获取商机，对企业的产品技术、生产效率、物流供应、服务质量的要求更加严格化、标准化、精细化。

4.5.3 产品服务增值化

数字化转型倒逼产品的快速供给，对创新的速度提出了更高的要求。产品科技含量的提高使产品越来越复杂，对各环节的服务需求也越来越迫切，同时产品智能化也为创新增值服务提供了可能。随着用户对个性化体验的需求逐渐增加，通过改进业务来增加价值供给，成为企业实现创新的新思路。发展数字化业务及重大技术，加快数字技术在现实场景中的商业化应用，更有利于企业把握新的市场机遇，从根本上提高产品和服务的价值。

4.5.4 产业协作多维化

数字经济时代，市场边界被打破，竞争与合作关系日趋复杂，加大了要素组合和产业协作的难度，数字化转型有利于构建良好的产业生态，提升产业发展的整体动力。数字经济时代的产业协作，链接是首位，拥有是其次。通过技术、数字能力，把生产力要素变得空间更大、弹性更大，届时，所有的行业都可以重新定义，产业协作呈现出多维化的趋势。

4.6 产业数字化的模式

数字化转型将促进产业发展方式的根本性改变。下面从资源配置、产业创新、生产方式和组织管理这几个方面阐述产业数字化的模式。

4.6.1 资源配置

随着数字经济的发展，全球市场的整合程度将进一步加深，使资源被重新配置，商品和服务在全球自由流动，表现出网络化、全球化、便捷化的特征。

1. 网络化

网络化范式的运转以扁平化结构为基础，依托技术与互联网的深度嵌入所形成的非等级式、扁平化、多元治理主体合作共治的现代化结构，各种主体相互协商、相互合作、相互补充、相得益彰，建构网络化范式的合作治理机制。在网络化范式中，人人都可成为需求的发起者、行动的参与者、决策的协商者、结果的改变者。在这种权利时代，人不仅是公共服务的享用者，而且是公共决策的参与者、监督者、评估者，还是公共需求的倡议者，是一个多元复合权利的实体。

2. 全球化

在某种程度上，谁在数字化转型中拔得头筹，取得先机，掌握先进信息技术，拥有数据优势，谁就占领了国际产业竞争的制高点，谁就将主导新一轮的全球科技革命和产业变革。当前，全球化外部环境变化剧烈，全球供应链挑战与机遇并存，一方面面临纾困的挑战，另一方面面临转型的机遇。打造数字化产业链是新全球化发展的方向，尤其要支持和鼓励平台企业推出有偿共享服务，支持互联网企业、共享经济平台建立增值应用平台，提供中台支持，以实现产业链层面的规模经济和范围经济。新全球化真正的希望在于，吸取代理人主导全球化的教训，转型成为去官僚化、亲民化的贴心供应链，转型成为高度智能化、服务化的智慧产业链。

3. 便捷化

数字经济时代，资源配置越来越精细化、人性化、便捷化，可随时分享、随地连接，极大地迎合了人的心理，产业积极向"互联网＋"、数字经济靠拢，布局数字化转型市场，数字经济资源配置将更大，体制更健全，功能更完善，服务更精准，我们进入了便捷化时代。

4.6.2　产业创新

数字经济助力产业高质量创新，构建数字化产业链，形成系统化、开放化、互动化的产业链创新体系。第一，培育数字化生态，打破传统商业模式，通过产业与金融、物流、交易市场、社交网络等生产性服务业的跨界融合，着力推进农业、工业服务型创新，培育新业态。第二，打通产业链上下游企业数据通道，促进全渠道、全链路供需调配和精准对接，以数据产业链引领供应链和物资链，促进产业链高效协同，有力支撑产业基础高级化和产业链现代化。第三，以数字化平台为依托，构建"生产服务＋商业模式＋金融服务"数字化生态，形成数字经济新实体，充分发掘新内需，开拓新的应用场景和消费模式。

4.6.3　生产方式

在数字经济时代，企业应该从战略、组织、流程、文化上做好生产方式改造，不断调整系统结构，梳理公司商业模式，明确公司生产方式，优化研、产、供、销主价值链流程，建立研、产、供、销协同规则；优化工厂整体布局，合理设置功能区，优化车间布局，合理设置车间功能区；优化产品线布局，实现流线化与柔性化生产；内部市场化，建立上下游价值链供求关系，对外开放接口，对内细分单元，建立前后工序市场化；跨系统合作，组建创客单元，真正实现市场化；打造精益现场，推动两化融合，实现定制化、服务化、智能化的生产。

4.6.4　组织管理

数字化转型的核心思路是组织管理扁平化、柔性化、无界化，去中间环节，组织分散化，流程柔性化，价值驱动。组织改变了传统产业的封闭式科层制组织架构，建立以价值创造为核心的新型价值驱动的网络化组织，从根本上颠覆了组织存在的意义，从中找到价值提升的空间，包括方向性因素、结构性因素、运营性因素和创新性因素等，进行全方位的变革和转型。

4.7 产业数字化的主要着力点

4.7.1 数据要素驱动

以大数据、云计算、人工智能为代表的数字科技的迅猛发展及其在众多行业领域中的深度渗透和应用，催生了海量数据并演化成为一种新的生产要素。数据作为数字经济的"石油"，有其独特的个性特征，已经引起社会各界的关注和重视，在社会经济活动中的地位不断提升。现实中基于数据要素驱动产业数字化转型已有大量成功案例，新型基础设施建设相关政策的落地也为产业数字化转型按下了快进键。随着数据规模的持续扩大，数据要素驱动下的产业数字化转型将有更大的作为。

1. 数据要素催生全新的商业模式

近年来出现的共享经济、平台经济、生态经济及新冠肺炎疫情期间出现的无接触式配送等商业模式，均离不开数据要素的驱动，数据催生了新的商业模式。数字科技的迅猛发展使基于数据实现的人、设备、场景、服务的无缝连接能力不断增强，数据资源作为一种新的资源要素打破了物理空间的制约，实现了更加自由的流动，通过对数据资源价值的挖掘利用，将催生更多新商业模式。未来，随着万物互联，数据规模将呈指数级增加，再加上"黑科技"迭代周期缩短，在二者的交互作用下必然会催生更多新的商业模式，助力产业全面升级的同时，更好地满足终端需求、消费者需求。

2. 数据要素驱动精准触达客户需求

无论产业数字化如何转型，都不能忽略它的商业本质，消费者"流量"是企业发展和产业崛起的关键。从发展脉络看，企业的发展历经了"产品为核心—服务为核心—技术为核心—数据为核心"的过程。当以数据为核心的时候，经济模式在变，商业模式在变，营销模式也在变。通过数据要素分析，可以精准地了解客户需求，探索大规模个性化定制、新型小批量个性化定制、模块化设计与柔性化制造等多元化、个性化定制服务模式。

基于数据要素可实现产品数据与个人数据的精准匹配，让全产业链从设计研发、生产制造到终端销售各环节以一种透明化、可视化、灵活化的方式运行，最终实现产业生产能力与消费需求联动，从而最大程度地提升企业生产效率，实现产业全链条效能提升，加速产业数字化转型。

4.7.2　科技平台支撑

数字科技飞速发展衍生出的新工具和新方法，不但加速了社会形态和经济时代的更迭，也为认识人类社会的发展提供了新视角。平台模式是数字化转型和落地的主要实现方式，在产业数字化进程中发挥着产业要素资源的连接器、企业形成数字合力的加速器、培育新型产业组织的孵化器等积极作用，使长期困扰企业的数字化转型成本高、数字化专业人才短缺、数字化转型能力不足等问题迎刃而解。

1. 科技平台成为产业要素资源的连接器

科技平台汇集了大量产业数据、模型算法、研发设计等各类资源和能力，接入平台的企业可以通过云接入和云处理等技术手段共享数字资源和数字能力，对分布在平台上的企业资源管理、业务流程、生产过程、供应链管理等环节进行优化，进而帮助实现企业与外部用户需求、创新资源及生产能力的对接。

2. 科技平台成为企业形成数字合力的加速器

数字科技平台搭建者借助平台推动内部系统的纵向集成和供应链上下游企业间的横向集成，在实现全产业链要素整合的同时加速推动自身朝着行业性和社会化平台方向转型，以此保持自身在行业竞争中的领先性和主导性。平台接入企业借助平台数字化赋能，可有效破解数字化技改能力弱、技改合力难、技改后数字化生产线维护难等难题，进而成为整个平台不可或缺的专业化合作伙伴。

3. 科技平台成为培育新型产业组织的孵化器

鼓励数字科技企业或传统行业领先企业率先打造互联网平台、物联网平台等，在平台建设中可通过加盟方式吸引其他科技企业和传统企业作为平台成员加入进来，成员可以采取数据加盟、技术加盟、应用加盟、付费加盟等多种方式加入虚拟产业联盟，形成产业数字化合力。

4.7.3　品牌价值赋能

品牌价值作为企业的一种隐性资产，其在终端消费者引流方面有着独特的价值。在产业数字化转型过程中，不能只将眼光盯在"黑科技"上，而要转变思维，利用不断更新换代的数字科技让传统产业的品牌价值释放新能量、新价值。品牌价值推动产业数字化发展主要体现在以下两个方面。

1. 将品牌价值打造成为产业数字化转型的新亮点

以品牌价值为核心，根据产业转型需要，基于已有品牌认知、品牌资产、品牌忠诚度等，通过品牌联想逐步实现传统产业企业的品牌价值由线下向线上转移渗透，互联网企业的品牌价值由线上向线下转移渗透。通过品牌叠加更多"黑科技"，形成新品牌资产，打造新口碑效应，实现产业价值增值，由此加速推进产业数字化转型进程。

2. 推动品牌价值线上线下转移融合

在产业数字化发展中，各类企业应抢抓产业数字化转型机遇，利用自身在原有优势产业中拥有的品牌效应，通过自我颠覆式全系统重组完成品牌再造和重塑，将原有品牌效应转移到新的产业生态体系中。这里所说的品牌效应转移既有从线下到线上的转移渗透，也有从线上向线下的转移渗透。前者以传统产业中的知名企业为代表，这些企业将长期积累的行业口碑与影响力、品牌认知与忠诚度移植渗透到线上，完成线上线下生产资源的充分融合；后者以数字科技领域巨头或独角兽企业为代表，这些企业将借助先进的技术和独特的运营模式等优势拓展业务范围，延伸产业链，形成新的品牌资产，带来新的品牌效应。

4.7.4　生态融合共生

跨界融合是产业数字化的发展趋势，未来产业数字化将更多地依托生态共建形式落地，使产业数字化打破地域、行业的边界。通过将实体生产要素（土地、技能、资金、人才等）与非实体生产要素（数据、知识等）充分融合，形成由多方合作伙伴共同组成、多方之间共同协作的共生、互生和再生的利益共同体，催生新的商业模式，营造适合产业数字化转型的良好生态环境。

1. 传统企业与数字科技企业跨界融合实现共生共赢

一方面，以数字经济为代表的新业态及共享经济、平台经济等新商业模式给传统产业带来了新挑战，传统产业企业面临前所未有的外部转型压力；另一方面，在数字科技优势的强大压力下，大量互联网科技企业成为传统产业企业强有力的潜在竞争者。互联网企业的蓬勃发展，孕育出了大量数字科技公司，以 BAT 为代表的互联网科技企业不断加速在传统产业方面的布局，使传统产业面临前所未有的融合。

2. 构建线上线下融合共生的全新产业生态体系

新产业生态体系的主要特征为：以自由流动的数据资源为基础，以数字科技族群为连接，以多元数字科技平台为依托，以共同价值主张为导向，打破原有线上或线下小生态使其融合共生，生态体系趋向于线上线下不同经济主体的共生共建，通过数字化连接建立起线上线下无缝衔接的商业生态。基于各种平台业务数据的实时共享，可提高产业链不同环节的响应速度，在催生新商业模式的同时为优化产业结构提供良好的生态环境。

4.7.5　政府精准施策

政府精准施策是破解当前企业数字化转型能力不足、转型改造成本高、数字化人才储备不足等问题的助推力。产业数字化发展离不开政府的支持保障，数字化转型阵痛期比较长，单纯依靠企业力量推动难度大，需要政府针对产业数字化发展提供强有力的政策支持、环境支持和措施支持。政府应加快创新政策服务体系，为产业数字化提供宽松自由的发展环境，通过为传统企业和新兴数字科技企业搭建线上线下融为一体的新型撮合平台，帮助本地企业解决数字化转型中信息不对称带来的问题，精准把脉产业数字化转型痛点，为企业数字化转型提出精准的政策措施。

1. 创新数字化发展政策环境

数字经济作为一种新的经济形态，其发展模式、发展规模及发展需求等均与传统经济有着显著区别，这就要求政府创新思维，形成能够契合数字经济发展的新政策体系，进而为各类经济主体的产业数字化转型提供良好的政策环境。通过优化政策环境，吸引更多高新科技企业和互联网领军企业落户本地，借助后者的技术优势和专业人才优势加速推动本地产业数字化转型，使产业数字化发展进入良性循环阶段。针对数字化人才短缺及储备不足问题，拓展数字化转型多层次人才和专业技能培训服务，为产业数字化营造良好的环境。

2. 提供全天候实时撮合服务

政府通过自建或购买第三方服务等方式获得线上撮合平台服务，基于线上撮合平台为企业的产业数字化转型提供 24 小时无忧服务，同时通过在线直播、视频展播、线上对接等形式，实现企业产品数字化展示和对接交易，降低企业"上云、用数、赋智"所需成本，同时基于数据实现精准撮合对接，加大政府方面对产业数据的开发力度，与数字科技企业合作，利用多维度产业政务数据精准了解产业发展痛点，进而为产业提供招商精准对接、资金精准对接和企业精准对接。

3. 提供精准靶向服务措施

我国产业数字化正在由初级阶段步入深化阶段，因此政府在政策措施制定和服务提供方面也应该由"大水漫灌"向"精准滴灌"转变，针对不同类型企业、不同行业领域的产业数字化转型，提供精准靶向政策支持与措施服务，帮助产业数字化降低转型成本；针对产业数字化发展中的技术升级快、商业模式迭代快等特点，在政策措施上突出"短平快"特点，以此提升政策服务效率；针对重大产业数字化项目，可采取"一事一议"方式予以支持，以精准助力产业数字化转型发展。

4.8　产业数字化的问题

4.8.1　成本问题

在产业数字化转型中，需要进行数字化装备、数字化平台建设，这显然是新的信息化投入，公司成本会明显上升。另外，在企业数字化转型中，数字化转型人才严重稀缺，高端人才引入或合作成本较高。在传统产业数字化转型中，在投入成本可见的情况下，预期收益具有不确定性，如何找到成本和收益之间的平衡点，做好财务预算和成本控制，又不错过数字化转型的时机，是需要深入思索的问题。

4.8.2　安全问题

传统产业在数字化转型中会产生大量的数据，数据作为数字化转型的关键投入要素，既有与资本、劳动等传统要素相似的生产驱动力，又能在优化社会资源配置、提升产业效率等方面发挥作用。但是，随着数字产业化的持续推进，所产生的数据来源广泛、信息复杂、形式多样，数据作为新型生产要素，需解决产权和安全等方面的问题，这对网络信息安全的防护能力提出了新的挑战。不同产业、不同企业因资金、技术的不同，导致数据的安全隔离存在问题。

4.8.3　统一问题

目前，我国的产业数字化尚在摸索阶段，不同行业和区域的传统产业发展水平及数字化程度存在差异。一方面，不同行业在商业模式与运营管理上存在差异，数字化转型缺乏标准模式、标准流程、标准模块；另一方面，由于地区间信息化发展程度不同，导致传统产业数字化进程不一致，甚至形成了各自为战的局面。因此，传统产业数字化转型面临多重挑战，需总体规划、制定标准、对症施策、分类对待，避免陷入利益分割、表面化的误区。

4.8.4　融合问题

数字经济是对冲经济下行压力、构筑科技创新和产业升级基础、建设现代化经济体系的关键领域。产业数字化以创新驱动为引领，以信息网络为基础，优化资源要素的组织配置，承载经济社会新供给、新需求，是支撑产业转型的新抓手。传统产业与数字化的融合，既包括设备设施等硬件方面的融合，也包括生产流程等软件方面的融合，是从生产方式、产品设计到服务延伸等各个环节的数字化再造，面临着人才、技术、资金等难题，需要统筹考虑区域和行业布局，抓住契机，稳步推进。

4.9　产业数字化的发展建议

4.9.1　政府层面的建议

持续优化数字化转型发展环境，需要政府的持续参与。具体来说，政府应从四个要素促进产业数字化转型，如图 4-2 所示。

1. 强化顶层设计

（1）研究制定推进企业数字化转型的路线图，明确数字化转型的目标、任务、路径、模式、风险等。

（2）鼓励企业制订实施符合自身实际情况的数字化转型方案。

（3）提高企业家的数字领导力。

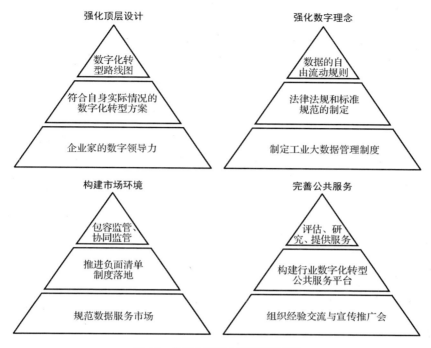

图 4-2　数字化转型政府层面四要素

2. 强化数字理念

（1）在法律法规层面确立大数据资产的地位，研究制定大数据管理制度，规范数据服务市场，加强用户权益保障。

（2）针对数据自由流动出现的问题，加快法律法规和标准规范的制定。

（3）基于不同的价值考虑，制定个人数据和非个人数据的自由流动规则。

3. 构建市场环境

（1）深化体制机制改革，推动开展包容监管、协同监管和平台治理，积极推进市场准入负面清单制度落地。

（2）建设"互联网＋监管"平台，通过大数据提升事中、事后监管规范化、精准化和智能化水平。

（3）加强标准制定、质量保障、知识产业保护、信息安全保障。

4. 完善公共服务

（1）推进政务服务、公共服务、产业创新领域对大数据的应用，加快数字经济与实体经济的融合发展。

（2）开展企业数字化转型能力评估，引导产业联盟、行业协会和科研机构等整合资源，加强对前瞻性问题的研究，提供政策咨询、专家智库、标准制定、人才培训等公共服务。

（3）引导大型制造企业、互联网企业、服务企业等联合构建行业数字化，转型公共服务平台。

（4）组织开展经验交流与宣传推广会。

4.9.2　产业层面的建议

在产业数字化转型的过程中，不同产业的特征、生态、周期及发展逻辑不同，尚未形成具有普适价值的管理与发展模式。因此，要统筹兼顾，推进产业数字化转型，平衡好传统产业和新兴产业的发展步伐，处理好效率和成本、投入和产出、短期和长期之间的关系。

1. 产业基础

（1）突破智能传感技术和产业化发展瓶颈，发展万物互联基础设施。

（2）加快 5G 网络基础设施建设，优化、提升网络性能和速率。

（3）加快推进云计算、虚拟化、绿色节能等技术，统筹大数据中心布局和建设。

（4）建立工业互联网平台体系，构建工业机理模型、工业微服务、工业 App 等资源池，打造"双创"新生态。

（5）突破人工智能基础芯片、开发框架、核心算法，开发能够补充和增强人类能力的人工智能系统，完善人工智能算法体系。

2. 实体经济

（1）深化信息技术与传统产业的融合发展，改造提升传统实体经济。培育融合新模式、新业态，催生实体经济发展新动能。

（2）加快建设智能工厂。支持离散行业的智能化改造，促进生产过程的精准化、柔性化、敏捷化；支持流程行业围绕智能化需求，加快工厂的智能化、绿色化改造，促进生产过程的集约；实现工厂生产高效、动态优化、安全可靠和绿色低碳；推进量大、面广的中小制造企业的智能工厂建设。

（3）加快培育新型制造模式。培育网络化协同、个性化定制、服务型制造等新模式；培育工业电子商务、产业链金融、共享制造等新业态。

（4）推动产业集群升级。提升传统产业集群的集约化、高效化、品牌化，推进制造业产业集群的产能柔性化、产业链协同优化，重塑产业集群供应链和空间布局，培育形成一批在线产业集群，打造贯穿创新链、产业链、资金链的制造业创新生态。

4.9.3　企业层面的建议

1. 组织管理

（1）提升企业数字转型能力。培育数字化转型解决方案，加快推动企业经营管理自动化、数字化、智能化，改造核心设备和业务系统线上化，为数字化转型提供条件。

（2）推行组织结构变革。构建"责权利"明确的组织管理体系，基于数字化的平台型组织、网络型组织、生态型组织，解决决策迟缓、信息不畅、机构臃肿等问题。

（3）调整企业管理机制。构建自我管理机制、全员共治机制、内部创业机制。

（4）加强数字人才培育。培养基于数据化决策的领导者，塑造创新型文化，培养员工数字化技能，建设产学研相结合的基地。

2. 运营管理

（1）核心业务方面，加快企业研发设计、生产制造、经营管理等核心业务系统云迁移，降低硬件、软件、部署、运营等成本。

（2）产品服务方面，构建数字化、网络化、智能化的产品、服务，实现知识开放共享、制造资源弹性供给、制造能力在线交易。

（3）场景应用方面，培养协同设计、协同供应链管理、产品全生命周期管理、供应链金融等平台应用新模式。

第 5 章

企业数字化转型

2020 年，企业面临的整体宏观环境比较复杂，特别是受新冠肺炎疫情影响，5G 网络加速部署、人工智能加快应用，中美技术加速解耦，企业传统的经营管理和业务拓展受到挑战，也面临新的机遇，企业数字化转型主动或被动加速。这要求企业能深入理解未来数字化企业的关键特征，充分利用 2020 年的变化带来的契机，系统性地解决数字化转型过程中面临的固有难点，并依据对企业所处转型阶段的判断，制订符合自身特点的转型推进方案。

5.1　企业数字化转型的思路

企业数字化转型是指改变现有商业模式，利用数字化技术和能力来驱动运营模式创新和生态系统重构，其目的是实现业务的转型、创新和增长。数字化转型是技术与商业模式的深度融合，数字化转型的最终结果是商业模式的变革。

数字技术的发展已经从互联网、大数据迈入人工智能时代。在数字化对社会经济的冲击和颠覆中，互联网企业独领风骚，传统企业的总体表现迄今为止不够理想。随着数字经济的发展，数字化企业日益强大，在国民经济中的地位不断提升，数字化企业已经占据全球最大企业的半壁江山。传统企业应该从对自身的数字化成熟度评估入手，明确所处发展阶段，厘清数字化企业的关键特征，并注意克服企业数字化转型道路上的常见困难，在数字化转型的新一轮进程中达到事半功倍的效果。

5.1.1　企业数字化转型的特点

企业数字化转型具有以下特点。

1. 断点、非连续

企业数字化转型的典型特征之一是发展曲线呈现出非连续性，会出现断点，有时无迹可寻。这意味着企业家和企业首先要具有长远的战略格局，能够洞见未来，布局"生态"，要从连续的线性思维转向非连续的生态思维，以应对商业范式的断点、突变和不连续。对少数大企业及行业领袖而言，要致力于构建平台、打造生态；对众多中小企业而言，要参与平台，融入生态，致力于做精、做专、做好、做久，成为生态体系不可或缺的要素或环节。其次，企业家和企业应具有数字化连接的端、网、云价值闭环思维，以创新引领企业走出经验曲线，凭借战略与商业模式创新突破成长瓶颈，实现突破性战略新成长。

2. 跨界融合

企业数字化转型的另一个典型特征是跨界融合，它意味着生产者与消费者的跨界融合、供需双方的跨界融合、企业组织与外部生态的跨界融合、产业与产业的跨界融合、软硬件技术的跨界融合、线上线下的跨界融合。这就要求企业家和企业从封闭式边界思维转向开放式跨界融合思维，从为客户创造价值的思维转向与客户共创价值、与员工共创价值的思维，从单一竞争思维转向利他取势的竞合思维，即"你以为你的对手是友商，其实你的对手是时势"，并具有更开放的心态、更宽广的胸襟、更包容的文化品性，在开放式社会网络协同中更具备准确定位价值并协同合作的灰度领导力。

3. 突变、颠覆

数字化的本质是创新，是连续创新和颠覆创新，是追求原创性创新而非简单的模仿创新，是追求跃迁式变道超车而非渐进式"弯道超车"。这就要求企业家和企业从单一的基于大概率事件推测未来的平滑思维转变为洞见和感知小概率的"黑天鹅"突变事件的捕捉思维；从基于资源与能力的渐进式弯道超车思维转变为突破资源与能力的颠覆式创新变道超车思维；重塑创新、创业激情，自我革新，打破"组织傲慢"，敬畏变化，勇于走出企业成功陷阱，以开拓和探索精神挑战权威和已有规范、戒律；以非线性思维超越渐进主义，超越竞争，建立新能力和新模式基础上的新学习曲线；勇于拥抱风险，包容失败，在试验、探索、创新、迭代、优化中确立新的内在核心能力与外在生态优势。

4. 分布式、多中心

数字化转型要求企业家和企业从垂直式单一中心思维转变为分布式多中心思维，从非对称性单一聚焦压强思维转变为对称性多项动态选择思维，从组织管控转变为组织赋能，从专注核心人物转变为尊重个体力量，关注个体创新。数字化无限连接、交互的网状结构体系具有分布式和多中心的特点。这就要求企业家和企业在战略选择上，从非对称性的聚焦压强思维转向对称性并行迭代选择思维；在组织模式的变革创新与组织能力的培育上，打破以官本位为核心的科层制组织管理结构，打造以客户为中心的"平台化赋能型＋分布式自主经营"组织管理结构；在组织与人才运行机制创新上，不仅要创新和培育组织赋能机制，更要尊重个体力量，关注小人物、边缘人物的创新。组织人才机制创新的核心，是持续激发组织活力及提升网络化交互与协同价值。

数字化转型是一场内在经营与管理革命，传统企业数字化转型是一个极为艰难的旅程，没有先例可循，没有样板可参照，甚至到今天为止，我们还无法选出最佳实践案例，因为每个企业都在转型的路上。企业数字化转型要求企业有清晰的转型变革思维，在企业高层达成共识，形成坚定的数字化转型意志，并能在战略、组织、人才、文化、管理、流程等各个层面进行系统的变革创新并创造性地执行。

5.1.2　数字化企业的七大特征

传统企业的未来投资将集中在进一步完善数字化基础设施建设上，尤其在数据中心层面，企业将加大投入力度。软件定义也将进一步发展，帮助企业从中获得驱动业务变革的能力。与传统企业相比，数字化企业在业务、组织、IT 等方面都展现出差异。

1. 以客户为中心

随着数字化时代的到来，企业必须习惯消费行为的"量子态"：各不相同、随时变化、多态叠加，这给企业了解和掌握用户行为带来了巨大的挑战，互联网技术、大数据技术等数字技术成为企业必须掌握的技术。数字技术不仅增强了企业之间的连接，而且促进了用户与企业之间的互动，有助于实现用户深度参与产品的设计和生产，赋予用户对产品的自主选择权，这也使市场力量从供给端转移到需求端。以客户为中心是企业数字化转型的目标，其含义是提高客户对产品全生命周期的体验，打造多层次、多体系的以客户为中心的组织能力，包括围绕客户设计组织结构，基于客户场景进行创新，设计满足客户需求的互动方式，并在数据、IT 和考核机制等各方面体现"以客户为中心"的理念和技术体系。

1）组织结构：从以产品为中心向以客户为中心转变

在传统模式下，企业以"我"为中心，不同产品的营销服务通常自成体系，客户一直被视为被动接受者，缺乏对产品设计的话语权。在数字经济模式下，企业以客户为中心，针对同一目标客户群体，企业可以聚焦于某类特定产品的供给和迭代，强化竞争优势，提高供给效率，采用同样的渠道触点，通过统一平台进行数据分析并推荐最优产品，采用统一的服务体系。基于这样的理念设计的组织结构，有利于打通和洞察客户数据，统一客户体验，提高企业资源利用效率。如果企业顾虑组织结构调整时牵扯的利益方较多，可以先通过关键流程控制点和数据的打通实现以客户为中心的能力建设，等时机成熟再做组织调整。

2）业务创新：从流程驱动向场景驱动转变

从客户在特定场景下的需求出发，挖掘客户需求，设计整体解决方案，带给客户完整的感受。加强企业业务战略和业务流程之间的衔接，实现从注重单个流程的效率到注重客户整体需求的转变。围绕客户需求，从流程驱动转变为场景驱动，优化资源配置，变革业务价值，形成以客户为中心的业务创新。

3）客户互动：从注重功能向注重体验转变

数字技术为用户和企业建立了实时互动和反馈的价值连接，提高了企业的生产效率。通过数字化连接，企业实现了对用户价值的洞察导向和敏捷反应，进而改善了用户体验。客户体验主要是指在与客户互动的整个过程中带给客户的便利性和舒适度，包括线上和线下。线上通过 UI/UX 设计，线下通过特定场景 / 店面的全流程互动设计，打造无缝、综合的客户体验，用户也可参与到企业的生产活动中来，获得个性化的产品供给。在实践中，企业要注重从整合和客户洞察的视角打造优质的客户体验，避免聚焦于单点的客户体验设计。

2. 多元化能力

面对内外部日益复杂多变的运营管理环境，企业需要具备四种能力：敏捷、精益、智慧、柔性。支撑这四种能力的是客户互动、资源管理、智慧洞察和柔性生产这四个域，如图 5-1 所示。

（1）客户互动：以客户为中心，全渠道、全价值链，强调敏捷、用户体验。

（2）资源管理：以流程为中心，围绕新一代企业资源计划（Enterprise Resource Planning，ERP）系统，强调稳定、精益、高效。

（3）智慧洞察：以数据为中心，全域、全形式，强调智慧洞察。

（4）柔性生产：以机器为中心，围绕物联网（Internet of Things，IoT）和生产制造系统，强调成本、效率、质量、柔性。

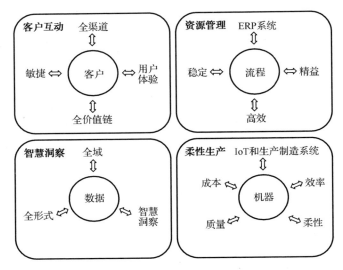

图 5-1　企业多元化能力的四个域

3. 决策中枢

以云计算、物联网、人工智能、5G、数字孪生等为代表的智能技术正在构建新的商业基础设施，以数据价值为基础，以人工智能分析为引领，搭建企业全局数据平台、智能分析系统、智慧管控机制，为企业运营管理的所有环节提供分析洞察，并从分析运营结果向预测未来发展转化。妨碍企业整合数据分析平台建设的因素包括数字技术和部门"墙"带来的数据隔离，其中，部门"墙"是目前最主要的障碍。决策中枢在数据来源、数据分析能力、数据服务企业的方式等方面都与传统方式有明显差异。

4. 敏捷反应

数字化时代，企业需要具备敏捷的反应能力，能够对内外部环境做出敏捷、有效的反应和决策，对内满足企业管理要求，对外把握客户和市场的迅速变化。敏捷能力的建设需要业务模式、IT 架构、产品开发方式三者同时实现敏捷，其中业务模式采用"一线尖兵＋后方资源平台"的方式，产品开发方式采用设计思维和敏捷迭代方式。对于传统的用户产品需求，需要系统化分析论证，形成产品定义后再上线部署。在设计思维和敏捷迭代方式下，通过用户角色模拟、聚焦小组分析、最小原型产品设计，可在最短时间内上线产品，迭代优化。需要强调的是，敏捷反应和决策最终离不开人才的各司其职，以及对过程的精细管理和对结果的敬畏负责。只有自下而上的汇聚智慧和自上而下的高效决策，才是真正的敏捷反应。企业数字化转型应该把权力下放给真正能够驾驭的人，这才是敏捷反应的原动力。

5. 智能化升级

通过实现智能化，企业的人、财、物数据将连接起来，所有流程都通过线上完成，让机器进行分析，帮管理者做出决策，这是在激烈的市场竞争中存活下来并持续发展的企业必须走的道路。企业应用智能化升级分为两个阶段。第一阶段，当应用场景较少时，AI 应用作为一个工具嵌入某个信息系统，常见的是互动型 AI，如票据识别、机器人客服。第二阶段，当企业的 AI 应用场景很多时，与 AI 的开发环境、常用 AI 数据模型、数据库整合在一起，形成企业 AI 中台，将各种 AI 能力汇聚在一起，对不同业务提供 AI 能力，并形成具备 AI 服务能力的中台。当然，企业的智能化升级对人才、技术、数据安全等有着很高的要求。企业要想发展 AI 技术，不仅需要招募人才、研发算法、投入算力，还需要拥有数据、场景等关键要素，这种长期投入是对企业韧性、成本的双重考验。

6. "云 +5G" 架构

未来 5 ～ 10 年将是新型数字基础设施的"安装"和服务交付期，IT 基础设施及企业应用软件加速云化，一批云原生技术持续涌现，数据中台、业务中台、人工智能物联网（Artificial Intelligence & Internet of Things，AIoT）中台建设步伐加快，从而消除数据孤岛并促进数据业务化，推动企业内部资源和能力共享。在数字世界，IT 基础设施陆续上云，过去需要直面的各类硬件设备、软件系统隐藏了起来，展现在我们面前的虚拟机、容器、微服务让 IT 架构变得更加庞大、复杂，移动化、AIoT 的大量应用则把 IT 的边界从内部扩展到边缘。基于"云 +5G"的端边云架构，将企业的运营管理空间从依赖有线网络环境的空间，延伸到更广阔的物理区域。其中，"云"上可实现业务中台赋能；"边"可以通过 5G 网络的边缘计算功能实现，增强终端控制的实时性，减少云端处理的数据量；"端"

是指 5G 终端实现与物理环境（机器）的直接交互和控制。这样的架构将在农业、医疗、金融、教育、房产、服务等行业得到广泛应用。

7. 驱动型转化

传统的 IT 部门以项目交付为主，数字化 IT 组织作为企业数字化转型的主要推动者之一，在交付模式、人员技能、IT 治理及成本核算等方面都有较大的变化，IT 组织能力从支撑型向驱动型转化，形成以数据驱动、算法驱动为核心的全面数字化转型。大型集团企业的 IT 力量分布在各层级单位，数字化转型还需要重点考虑如何整合 IT 资源，共同服务企业数字化转型，并为对外服务、对外协同打下基础。

5.1.3　数字化变革的难点和对策

从互联网 1.0 时期至今，中国传统企业数字化转型十余年，整体效果并不理想，这是因为在推动数字化转型的过程中，企业面临各种由于技能不足和机制不足交织在一起形成的固有难点。常见的困难包括五种：①对数字化转型的概念理解不一；②难以制定数字化转型的目标，也难以评估数字化带来的实际业务价值；③可选项过多，每个业务和职能部门都有很多想法，但缺乏清晰的路径；④缺乏数字化岗位、人才；⑤传统企业的工作机制不适合推动数字化这种跨部门、求创新的变革。

针对以上这些困难，可采用以下对策。

1. 统一思想

数字化转型是经济发展的大潮流，既是技术进步和技术应用的过程，也是经营理念、战略、组织、运营等全方位的变革。数字化转型是一项长期、艰巨的任务，面临着技术、业务能力建设、人才培养等方方面面的挑战，需要企业全局有效协同、统一思想、放眼长远、顺势而为，制定一套适合本行业特点、本企业现状的长远发展规划，以保证企业的可持续发展。纵观世界各国的数字化转型，能够达到预期目的的成功转型案例，在所有转型实践中的占比不高。究其原因，除了数字化转型概念模糊、评估体系错位等因素外，还有很多需要特别关注的影响因素。企业战略层的亲力推动和数字技术能力建设是数字化转型的根本保障，稳妥推进、步步为营是取得数字化转型成功的不二法门。数字化转型是要改变现存的一切，因此企业的领导者必须有所担当，坚定不移。

2. 设定目标

数字化转型的目标要结合企业的战略愿景、战略目标、企业使命、企业价值观而定，并采取科学与艺术相结合的方式，制定企业数字化蓝图，按照"一步计划、分步实施"的思路推进。由懂经济学、产业学、市场、商业及拥有数字技术能力的专家、企业实操专业人员一起，以整体规划、可行性分析、路径选择、能力建设的设计思维快速勾勒出企业应用数字化的主要场景及可能实现的状态，即数字化蓝图，然后沿着蓝图逐步深入。

3. 整体规划

企业实施数字化转型，一定要认识到整体规划的重要性，明确在什么时候需要解决什么问题。整体规划能够让管理层看到企业未来几年的整体蓝图，从而判断其与企业长期战略发展方向的定位是否吻合。有了清晰的整体规划，企业就能更好地识别促成整体规划落地的相关资源要素的匹配程度，如预算、人才等；也能更好地识别企业当下面临的困难和业务痛点，从而有针对性地予以改善。

4. 选择路径

企业数字化转型需要综合利用各种数字技术，与业务模式转型相结合，是一个为企业解决问题、创造价值、提升企业业绩的持续性过程。建议企业采纳自上而下的顶层规划和自下而上的局部尝试并行的方法。不同的局部尝试发生冲突时，遵循与直接客户相关的解决方案优先、客户体验优先和 IT 架构前瞻性优先原则。在切入点上，优先考虑推进企业业务和管理的线上化，以充分利用新冠肺炎疫情期间培养的习惯。此外，企业在数字化转型过程中，还应了解数字化、信息化、业务模式转型三者之间的关系，并做好底层的业务逻辑、系统架构及业务与系统间的衔接。关于企业数字化转型的路径将在 5.3 节详述。

5. 建立机制

依据企业对数字化转型的不同应用程度，数字化推进方式可采用探索式、协调式、集中式、嵌入式四种。关键是确认是否需要一个中心化的数字化管控组织。数字化转型初期，企业尚未确立整体推进方案，但局部试点的条件还是具备的，可适时采取探索式推进方式，鼓励战略业务单元进行局部尝试。随着企业对数字化应用的加深，跨部门的协调需求增加，可向协调式、集中式过渡，最终实现的是嵌入式管理。在企业数字化转型过程中，封闭的系统是无法实现转型的，要构建一个开放性组织，这并不是针对组织结构，而是针对整个组织系统而言的。数字化转型需要调动企业内外部的资源，展开各个方面和领域的变革，因此要求企业内外部能够交换信息、协同工作并发生改变。

6. 能力建设

企业数字化转型的根本是能力建设，核心是 IT 能力建设。现阶段，不同类型企业在转型过程中面临的难点是不一样的，特别是对于规模较大、业务较复杂的企业，在 IT 建设上，平台差异化显著，产业支撑能力不足，生态链相对薄弱，智能感知、自动控制、网络连接、工业软件等一系列 IT 基础薄弱，难以满足企业数字化转型的需求。实际上，IT 建设是长期持续的过程，企业通过 IT 技术实现资源和服务的整合、协同、建设、落地。在资源层面上，通过 IT 技术进行资源整合、资源借用；在运作方式上，从项目制向产品制转移，加强复用性、推广性；在队伍建设上，重点强化 IT 团队中的产品经理、数据分析、业务架构类的队伍建设；在宣传渠道上，提高数字化宣传渠道构建能力和社交获客能力，用私域流量塑造品牌、互动营销、研究客户和构建社群。

传统企业的数字化转型是一项复杂而又长期的战略，如果不做好长期的准备，不彻底地改变，是很难成功的。数字化转型是一个复杂的体系化工程，要由能真正胜任的人牵头，整合内外部资源，形成真正的数字化转型生态圈或联盟，让合作更加融合，让模式更加多元化。作为企业数字化转型的牵头人，要始终秉持持续的、精益的运营改善思维和理念，在数字化转型过程中培养人才，在培养人才的过程中促成企业数字化转型升级。此外，因为每个企业所处的行业不同，数字化渗透的程度不同，加之企业自身转型所具有的空间不同，因此还需要企业基于自身的状态组合不同的能力。新形势下，企业在推进数字化转型时，要充分利用新冠肺炎疫情带来的契机，系统性地解决企业在转型过程中面临的认识不统一、机制不健全、能力不具备等困难，以企业所处的转型阶段为出发点，参照数字化企业的特征，制订符合企业自身需求的转型方案，稳步有序地实现以客户为中心、以数据分析为决策机制的领先数字化企业。每个传统企业都需要尽快加入数字化转型的队列中，稳步推进，否则将被时代淘汰。

5.2　企业数字化转型的战略布局

近年来，越来越多的企业走上了数字化之路，在改变企业运营方式的同时重塑中国和世界的经济面貌。根据 IDC 的数据，2018 年，70% 以上的中国前 1 000 大企业把数字化转型作为公司的战略核心，2019—2022年，数字化转型相关 IT 支出将超过 1 万亿美元，到 2022 年中国 GDP 的65% 将与数据有关。随着数字化转型的深化，以及良好的业务反馈，未来单点试验和局部推广的企业也将加速进入广泛推广阶段，为优化创新打好基础。企业应做好数字化转型的整体规划，确定转型范围和优先级，为后续的政策实施提高可行性。

5.2.1　企业数字化转型的分析

从最广泛的意义上讲，数字化是一种将人和物、物和物相互连接或与信息连接起来的技术，是数字化转型的基础。数字化本身没有价值，只有被应用才能产生价值。在企业环境中，数字化转型是将信息处理从模拟形式向数字形式转变的过程，也是对企业基本组成部分——战略、组织、业务和基础设施的一次全面变革，结果是对传统管理模式、业务模式、商业模式进行创新和重塑。任何企业进行数字化转型，都需要付出代价，这是管理成本。但数字化作为一种管理技术被应用，可以为企业带来价值。企业竞争的背后，是资源配置效率的竞争，数字化布局首先要以企业价值体系为基础。数字化转型的本质是在"数据＋算法"定义的世界中，运用新一代数字和智能技术，以数据的自动流动化解复杂系统的不确定性，对外部环境的变化做出响应，实现"五个正确"，即把正确的信息在正确的时间用正确的方式传递给正确的人，以此为依据帮助企业做出正确的决策，最终提高资源配置的效率。

从宏观视角看，企业数字化是借助社会级计算平台，基于新一代数字与智能技术的深度应用，实现数字经济与实体经济的深度融合，以连接、协同、共享为基本特征，以共享经济、产业互联网、API 经济等新业态、新模式为代表的全新的数字化商业。从微观视角看，企业数字化是运行基于新一代数字和智能技术的各类云服务，通过网络协同、数据智能、连接资源、重组流程、赋能组织、处理交易、执行作业，融入数字经济，推进企业业务创新（研发、生产、营销服务等）、管理变革、金融嵌入，从而转变企业的生产经营和管理方式，实现更强的竞争优势、更高的经营绩效、更可持续发展的进步过程。

具体来说，数字化转型包括三个方面，如图 5-2 所示。

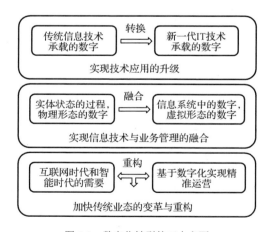

图 5-2　数字化转型的三大方面

（1）转换：从传统的信息技术承载的数字转变成新一代 IT 技术承载的数字，企业的组织架构、IT 架构、业务流程等都要实现全面的技术升级。

（2）融合：从实体状态的过程转变成信息系统中的数字，从物理形态的数字转变成虚拟形态的数字，打通全方位、全过程、全领域的数据实时流动和共享，实现信息技术和业务管理的真正融合。

（3）重构：适应互联网时代和智能时代的需要，基于数字化实现精准运营，加快传统业态下设计、研发、生产、运营、管理、商业等的变革与重构，内部的精益求精需要通过与外部的价值交换才能彰显价值，需要根据企业面向的外部的利益关系者构建不同的价值点位，逐步开放边界。

5.2.2　企业数字化转型的设计

1. 组织层的设计

组织层是保障业务层和技术层顶层设计落地的组织形式，是企业信息化建设的决策机构，是企业数字化落地的关键。

1）组织层顶层设计思路

（1）建立组织层信息化建设决策机构，在管控投资决策、项目进程的同时，以例行组织规划设计会和专项组织规划设计会的形式，推动规划、整合各项顶层设计要求并扎实落地。

（2）搭建组织层信息化管理保障组织，持续优化信息规划与整合委员会、职能部门、业务部门的三级管理机制，在任务分解中加入顶层设计的任务分解和跟踪落实，有效推动任务落地。

（3）在项目立项启动后和进行可行性研究前，以例行组织规划设计会的形式进行项目顶层设计评估。针对项目建设情况、业务和技术发生较大变化的情况，不定期地组织专项组织规划设计会，对顶层设计进行整体评估和方案调整。

2）组织层顶层设计原则

组织层的顶层设计是通过例行和专项组织规划设计会的形式落地推行的，其遵循的原则为：统一目标、统一思路、统一设计。

（1）统一目标：以信息规划与整合委员会明确的业务层、技术层、组织层三大顶层设计目标为统一目标。

（2）统一思路：以专项组织规划设计会为载体，按照组织的信息规划要求，各平台统一整体设计思路。

（3）统一设计：各平台严格遵循组织的技术标准，遵循统一架构、数据、界面标准，通过信息规划与整合委员会进行技术方案审定。

2. 业务层的设计

目前，多数企业的业务系统建设有"平台化"的设计思路，平台内部相对整合，但各平台之间相对独立，缺乏有机联动。

1）业务层顶层设计思路

实现业务层顶层设计的核心是着力打造"一个中心，两个全流程创新再造"。"一个中心"是公司数据运行、管理、分析中心。"两个全流程"是运营全流程和服务全流程：在内部实现企业运营的全流程再造，打通管理与运营链条；在外部整合服务资源，梳理客户服务全接触点，以用户体验为中心打造统一客户门户，打通服务链条。同时，部分基础好的企业可进行大数据分析挖掘作为决策依据。

2）业务层顶层设计原则

业务层的顶层设计，要梳理企业核心业务逻辑，实现信息化业务流再造，所遵循的原则为：边界清晰、流程衔接和创新同步。

（1）边界清晰：在职责上明确责任范围，合理厘清边界，避免交叉重复和流程空白。

（2）流程衔接：梳理核心流程，避免各自为政，标准统一，兼顾不同部门、流程间的合理衔接。

（3）创新同步：避免不同业务间的创新度不匹配和不平衡，以及企业内部同一业务在不同部门间的创新度不同步，要实现创新的同步协调和流程的运转顺畅。

3. 技术层的设计

在技术标准上，目前大部分企业主要依靠外部建设，缺乏内部标准。也有部分企业开始建立自己的标准，但由于缺乏核心技术能力，导致标准不全，标准的更新跟不上技术进步，不同厂商之间也难以实现技术架构与标准的统一。

1）技术层顶层设计思路

打造技术层五层技术架构，即基础层、数据层、服务层、应用层、门户层，每层都自主掌握核心能力。其中，基础层以开源云平台为基础，立足建立双活灾备；数据层以数据中心为核心，整合数据资源；服务层建立应用平台化的服务中台，将应用系统与数据层分离，灵活可控，避免网状接口；应用层打造四大应用平台，平台内部数据响应快速，业务流程简洁流畅；门户层建立两大统一访问渠道，即移动渠道和桌面渠道，集成所有应用快捷使用，个人工作台便捷办公。

2）技术层顶层设计原则

技术层的顶层设计是指搭建能够实现核心业务的技术架构，在移动平台和桌面平台实现统一，遵循的原则为：标准一致、体验一致、模块化微服务、掌握核心能力。

（1）标准一致：数据标准、开发标准、接口标准和安全标准等技术标准一致，实现集成扩展。

（2）体验一致：采用统一友好的前端设计标准，最终表现为"用户操作体验一致"，从而降低培训难度，提高系统快速推行和快速应用效率，突破原有工作模式快速转型，为达成企业生产经营目标服务。避免出现因系统界面不友好、操作不习惯而导致系统使用率低、错过转型最佳时机的风险。

（3）模块化微服务：建立通用模块化微服务，标准化的模块组装可以提高开发效率，降低安全风险。

（4）掌握核心能力：注重核心能力的掌握，在总体可控的前提下，实现架构平台开放和拓展目标。

5.2.3　企业数字化转型的见解

1. 腾讯公司 CEO 马化腾：技术支撑数字经济再攀高峰

伴随着企业数字化的进程，移动互联网的主战场正在从上半场的消费互联网，向下半场的产业互联网方向发展。我们必须让互联网与各行业深度融合，把数据创新下沉到生产制造的核心地带，将数字化推进到供应链的每个环节。我们要继续做好消费端的智慧连接，更要促成供应端与互联网的深度融合，帮助各行各业实现数字化转型升级。

2. 小米科技 CEO 雷军：融合是发展数字经济的关键因素

数字经济就是把我们 20 年来积累的互联网技术、方法论、商业模式，与传统的各行各业进行融合，包括把最近两三年人工智能在技术上取得的突破进行融合。

3. 高瓴资本创始人张磊：数字化转型已经成为所有企业的必答题

在以数据、算法驱动的未来，将不再有互联网企业和传统企业之分，只有一种企业，那就是数字企业。数字化突进的运动，企业的数字化进程，要以第一性原理，深入观察行业规律，明确企业的核心竞争力，然后通过科技与业务的融合创新，让 AI、大数据和云计算等新技术在企业核心竞争力上得到绽放，最终实现新维度上的"强者更强"。

4. IDG 亚洲区副总裁朱东方：数字创新势不可挡

越来越多的数字技术被应用到各行各业，传统企业的数字化转型更应该拥抱数字化浪潮。在过去几年，创业公司一直专注于数字化转型，而现在这种转型已经进入更成熟和更激烈的竞争阶段。在不断变化的技术和商业环境中，企业只有不断扩大其数字创新力，才能确保自身能够迅速地在数字化的全球经济中面对竞争并持续发展。

5. IDC 研究报告预测：领先者与落后者的差距越来越大，规模化越来越重要

数字化转型已经进入 2.0 时代，领先者与落后者之间的差距越来越

大，规模化越来越重要，平台与生态驱动创新的速度越来越快。到 2023 年，几乎每个企业都将成为日益数字化的全球经济中的数字原生。随着组织通过扩展的数字范围、普及的智能、爆炸式增长的应用和服务开发、不断变化的客户期望及环境信任和安全性释放出"倍增的创新"，这一转型已进入更成熟和更激烈的竞争阶段。

5.2.4　企业数字化转型面临的问题

1. 因转型效益不明确而"不敢转"

数字化转型是一项系统工程，涉及战略、组织、业务、流程、经营、管理、人员等方方面面，资金投入大，持续时间长，短期内难以见效益。特别是新冠肺炎疫情带来的现金流压力加剧了企业的生存困境，中小企业面临极大的资金缺口。

2. 因转型路径不清晰而"不会转"

企业的数字化转型是一项庞大而复杂的系统工程，大部分传统企业对数字技术了解不充分，缺乏清晰的数字化战略和转型实施路线图，缺乏足够的数据平台或数字业务运营经验，在如何选择技术平台、变革业务流程、培育商业模式方面踌躇不前。

3. 因转型基础不坚实而"不能转"

传统企业在新技术应用、新产品培育、新资产管理及数字技术储备、业务数字化改造、数据化应用等方面的能力短板突出，既懂业务又懂数据的复合型人才供给不足。

4. 因数字化转型战略不清而"不善转"

数字化转型是全方位战略和布局，需要统筹计划、分步实施，多数企业数字化转型思路不清，意志不坚定，没有从企业发展战略的高度进行谋划，认为只要买硬件、上系统就会取得立竿见影的成效，一旦短期内看不到经营业绩的提升就打退堂鼓，导致转型失败。此外，部分企业缺乏对数字化战略的系统性思考，往往仅进行局部数字化改造，难以发挥整体效应。

5. 因多层级组织模式不灵而"不愿转"

数字化转型将重构企业组织模式，传统企业层级复杂、多重领导和反应迟缓的组织模式已不适应数字时代。数字时代要求更快的信息交互，缩短数据管理、生产、流通、加工等周期，而传统的组织模式人为割裂数据的管理、生产、流通、加工，势必造成数据流通不畅。此外，多数企业没有强有力的制度设计和组织重塑，部门之间数字化转型的职责和权利不清晰，也缺乏有效的配套考核和制度激励。

6. 因数据资产积累薄弱而"不好转"

数字化转型是企业数据资产不断积累和应用的过程。数据资产是数字化转型的重要依托，如何加工利用数据、释放数据是企业面临的重要课题。目前，多数企业仍处于数据应用的感知阶段而非行动阶段，覆盖全流程、全产业链、全生命周期的工业数据链尚未构建。企业内部的数据资源散落在各个业务系统中，特别是底层设备层和过程控制层无法互联互通，形成"数据孤岛"。外部数据融合度不高，无法及时全面感知数据的分布和更新。受限于数据的规模、种类及质量，目前多数企业的数据应用还处于起步阶段，大数据与实体经济融合的深度和广度尚不充分，应用空间亟待开拓。

5.3　企业数字化转型的路径

数字经济时代的企业数字化转型，以数据为核心，以新兴技术为手段，帮助企业实现微粒化的解构和智能化的重组。企业管理层需明晰数字化战略，建立从数据出发的管理体系，对业务流程开展端到端的重构和解析。中台战略作为近几年兴起的热点概念，本质上是企业在谋求平台化模式转型的过程中，为了解决既有的前台、后台协作不力的问题，所叠加出来的新管理对象，是企业数字化转型的关键步骤，也是最佳落地实践。阿里巴巴认为，采用数字化科技的企业，将面临指数级成长机遇的数字化生态，云是聚合生态的基础和底座，混合云将成为数字化转型的重要部分。

5.3.1　架构升级

随着消费者主权的崛起，产品和服务复杂化，场景多样化，供应链复杂化。只有以优化企业经营效率为主的 IT 技术体系，才能支撑未来企业的产品创新、业务创新、组织创新、管理创新。自 2016 年起，头部互联网企业引领数字化转型进入 2.0 时代，在新商业背景下为传统企业的数字化转型和创新发展提供全新方案，推动传统架构向新架构升级优化。数字化转型的 1.0 时代和 2.0 时代如图 5-3 所示。

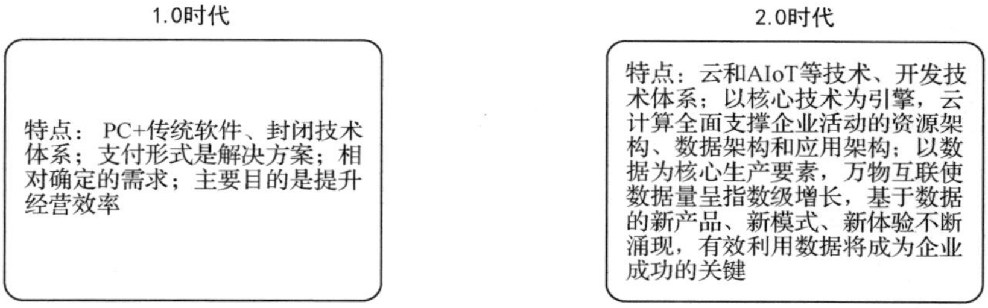

1.0时代

特点：PC+传统软件、封闭技术体系；支付形式是解决方案；相对确定的需求；主要目的是提升经营效率

2.0时代

特点：云和AIoT等技术、开发技术体系；以核心技术为引擎，云计算全面支撑企业活动的资源架构、数据架构和应用架构；以数据为核心生产要素，万物互联使数据量呈指数级增长，基于数据的新产品、新模式、新体验不断涌现，有效利用数据将成为企业成功的关键

图 5-3　数字化转型的 1.0 时代和 2.0 时代

传统架构以流程自动化为核心，数据不易形成闭环，对客户需求难以快速响应。新架构的主要诉求是如何支持创新，以生态为主要商业载体，以数据为核心，基于中台、云服务等新的架构，能实现快速响应和敏捷创新。新架构下的商业环境日益复杂，需求更加不确定，企业数字化以中台战略、企业上云战略为代表，单一企业不能提供所有解决方案，基于生态的创新愈加重要。

5.3.2　要素驱动

从要素驱动看，数字化转型与云计算、大数据、人工智能、区块链等新一代信息技术深度融合，传统企业数字化转型的动力从"以技术为中心"向"以数据为中心"加速转移，推动计划、采购、生产、研发、管理、服务、营销等环节的数字化管理，实现设备、车间、运营、物流等数据的泛在采集，推动全生命周期、全要素、全产业链、全价值链的有效连接，打造状态感知、实时分析、科学决策、精准执行的数据流动闭环，辅助企业进行智能决策，显著提升企业风险的感知、预测、防范能力。

数据资源融通成为企业数字化转型的核心，带动资金流、人才流、物资流不断突破地域、组织、技术边界，促进资源配置从单点、局部、静态优化向多点、全局、动态优化演进，促进数据驱动的创新、生产和决策，实现更高质量、更低成本、更快交付和更多满意度，形成"以云化平台为支撑、数据共享为核心、智能应用为关键、轻量服务为特色、可信环境为保障"的基本架构，助力企业单环节技术工具应用向全要素、全流程、全链条的优化重构升级。

5.3.3　组织重塑

从组织架构看，传统企业组织架构多为科层制，具有对外界变化不灵敏、机构设置逐渐冗杂、沟通交流烦琐、决策周期长等弊端，难以适应当今商业运营的需要。数字化管理以数据流带动人才流、资金流、技术流自动流动，降低人才、资金、知识等在部门间流转的门槛限制，形成合作性强、流动性强、主动性强的液态架构，打造全员共治、自组织、自适应的组织形态，既能提升增加系统创新的意愿和效果，也有利于激发组织和个体的创新和创造活力，提升企业整体创新实践能力。

5.3.4　流程变革

从流程变革看，传统企业数字化应用从管理、服务等共性环节向全流程深度渗透。新冠肺炎疫情期间，受获客渠道锐减、供应链运转难、传统产品无法满足新兴需求等短板影响，传统企业特别是中小企业生存困境加剧，转而依托数字平台，从终端服务环节入手，推动线上"数字化突围"。例如，一些企业利用电子商务平台拓展线上经营、精准营销、O2O 服务，一些企业基于移动办公平台开展协同办公、移动商务等远程业务，探索了可操作性强、可复制性强的实践路径。这将引领更多的传统企业从共性的经营管理、营销服务等环节入手，推动相关业务系统向云平台迁移，采购云化服务，先易后难地推进数字化转型。

5.3.5　趋势展望

1. 机遇分析

企业数字化转型将在战略、技术、需求三个层面迎来发展机遇。战略层面，数字化转型已被提升到国家战略层面。智能制造等产业政策促进各领域企业的数字化、智能化转型。技术层面，5G、AIoT 等新兴技术开启向产业的下沉阶段，推动企业智能化运营和数字化创新。需求层面，企业面临的数据量将骤然增加，复杂数据的处理能力也需大幅提高。

2. 挑战分析

数字化转型的最大挑战不是技术，而是人、组织和管理模式。如果企业管理者对数字化转型的价值认识不清，对数字化的理解往往限于信息化或 IT 系统的升级和扩展，企业就很难将转型提到战略高度。此外，大多数数字化转型是由部门主导的，缺乏业务部门参与，导致数字化转型进程不及预期。

企业数字化转型是一场增量革命，管理层需明确数字化战略并积极推动变革，建立从数据出发的管理体系，对业务流程开展端到端的重构和解析，打造业务场景与技术方案的连接，实现差异化、跨越式发展。企业数字化转型将深度挖掘数据的内在价值，通过数据整合业务链、管理链、供应链、产业链、生态链，用数据贯穿整个企业经营和创新发展过程，使数据真正成为生产力，从而实现边界的开放化、存储的云端化、流向的聚合化、开发的敏捷化、结构的复杂化、运营的精细化。

5.4　企业数字化转型与供应链

2020 年 4 月，国家发展改革委、中央网信办印发《关于推进"上云用数赋智"行动培育新经济发展实施方案》的通知，大力培育数字经济新业态，深入推进企业数字化转型，打造数据供应链，以数据流引领物资流、人才流、技术流、资金流，形成产业链上下游和跨行业融合的数字化生态体系，构建设备数字化—生产数字化—车间数字化—工厂数字化—企业数字化—产业链数字化—生态链数字化的典型范式。

5.4.1　智慧供应链

近年来，供应链内涵外延不断扩展，供应链管理更加强调以需求为导向的组织形态变革。在工业"4.0"背景下，随着云计算、人工智能等信息技术的广泛深入应用，供应链与互联网、物联网深度融合，产业中不同供应链通过技术工具帮助企业流程实现数字化，推动传统供应链向智能、高效的生态系统演变，建立既有弹性又有响应能力的供应链体系，有助于促进产业的数字化升级，实现产业整体的降本增效和客户交互。同时，数字化有助于实现采购、生产、物流、仓储、销售降本增效，提升自动化水平、实现智能化管理，从而使供应链管理开始进入智慧供应链新阶段。

智慧供应链是在传统供应链的基础上将现代信息技术和管理相结合，在企业内和企业间构建的集成系统，能够实现供应链的智能化、数字化、网络化和自动化。智慧供应链作为一种新型技术支撑下的供应链创新体系，需要在供应链结构上建立"智慧"机制，即作为供应链服务的提供者，其所构建的不只是自身的信息化系统，更需通过内部的信息化系统和集成供应链系统，实现供应链全过程的信息收集、过滤、分析、管理、生成和传递，从而保证所有参与主体在交往过程中产生高质量的业务、流程、数据和行为，创新供应链产业上下游价值。

智慧供应链的实现在流程上有赖于"四化"管理，即供应链决策智能化管理、供应链运营可视化管理、供应链组织生态化管理、供应链要素集成化管理。这四个方面分别对应了供应链管理的宏观战略决策层面、微观运营层面、主体组织层面和客体要素层面。这四个层面能否有效地落地并产生绩效，以及较好地结合、相互作用、相互促进，对于智慧供应链的确立至关重要。

　　"智慧供应链"可以理解为云计算、大数据、物联网、人工智能、移动端及区块链等先进技术和现代供应链管理的理论、方法和技术相结合，在企业中和企业间构建的，实现供应链的智能化、网络化和自动化的技术与管理综合集成系统。发展具有供应链协同效应的公共平台，支持上下游用户的生产、采购、仓储、运输、销售等管理系统相对接，平台与平台之间相对接，实现相关方单元化的信息数据正向可追踪、逆向可溯源、横向可对比，发挥智慧大脑在需求预测、优化生产、精准销售、品质控制、决策支持等方面的作用和价值。云计算、大数据、物联网、人工智能、移动端、区块链技术的进步，可以促进基于大数据进行分析决策的智慧化信息管理模式的发展，帮助企业打造智慧大脑，前瞻性地指导优化传统供应链的运营管理和业务运作模式，从而大大降低"牛鞭效应"带来的信息失真所导致的资源浪费等情况，同时基于大数据的供需分析和动态平衡优化管理，不仅对企业的经营管理有降本增效的作用，而且可以更进一步提高整个社会资源利用的效率，从而有效打造精益、绿色的供应链业务链条。智慧供应链的数据中心架构和平台中心架构分别如图 5-4 和图 5-5 所示。

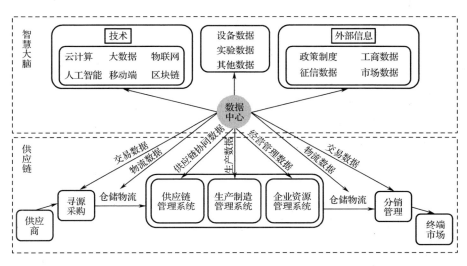

图 5-4　智慧供应链数据中心架构示意图

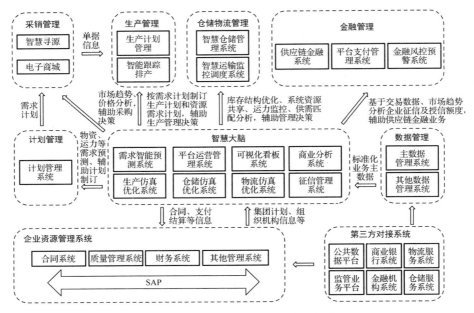

图 5-5　智慧供应链数据平台架构示意图

智慧供应链是要打通全链条供需端的数据通路，提高数据获取和实时需求预测的准确性，提升产供销协同和订单的响应速度，提高整个供应链的运作效益。通过需求预测模型实现对历史数据的追溯、对需求数据的跟踪、对经济市场数据及其他相关数据的分析，并对其他数据的输入进行预测管理，从而减少整个环节的不确定性，通过云计算、大数据技术高效、快速地实现数据获取和建模分析，辅助计划决策管理，缩短各环节的决策周期，实现及时高效的快速响应，从而减少过程中的变动性，提高数据获取及实时需求预测的准确性，提升产供销协同和订单的响应速度，提高整个供应链的运作效益。

未来，智慧供应链将在以下几个方面不断发展。

（1）无人化场景不断丰富。随着技术的发展，供应链场景中的无人化场景会增加，如无人值守仓库、无人驾驶运输配送、智能合约自动执行、机器人订单流程自动化等。

（2）远程协作场景成为可能。受新冠疫情影响，全国大部分的公共资源交易、企业和政府采购纷纷宣告停摆，加速了远程异地分散评标业务场景的实现和应用，远程协作场景层出不穷。

（3）数据从信息资源向资产变现转变。随着信息化水平的提高，供应链核心企业汇集了全链条的数据资源，通过应用先进的技术对数据进行存储、处理和分析，打造基于行业大数据的增值服务，如金融服务、税务服务、信息咨询等衍生服务。

5.4.2　智能制造

在经历了 2008 年全球金融危机之后，实体经济的重要性被重新认知，以制造业为核心的实体经济才是保持国家竞争力和经济健康发展的基础。智能制造是抢占未来经济和科技发展制高点的战略选择，更是传统制造业企业转型升级的必由之路。

1. 智能制造的发展与演进

智能制造模式是未来制造行业的主体发展方向，是一种可以让企业在研发、生产、管理、服务等方面变得更加"聪明"的生产方法，制造业企业要从自身发展的核心痛点出发，在合理的整体规划和顶层设计的基础上，沿着"智能制造要素—智能制造能力—智能制造系统"的发展方向，分阶段、持续性地获取智能制造要素，建立、完善、扩展企业在研发设计、生产制造、物流仓储、订单获取、产品服务等各个环节的智能制造能力，最终形成完整、高效、科学的智能制造系统。

智能制造是企业实现生产、管理、服务、产品智能化的全新生产方式，是新一代信息技术、自动化技术、工业软件及现代管理思想在制造企业全领域、全流程的系统应用而产生的一种全新的生产方式。智能制造的起源可以追溯至 20 世纪中叶，其发展与演进可以大致分为三个阶段，如表 5-1 所示。

表 5-1 智能制造的发展与演进

	阶 段	名 称	描 述
起源	20 世纪中叶到 90 年代中期	数字化制造	以计算、通信和控制应用为主要特征，通过数字化制造提高产品和企业的性能，同时加快产品上市的时间，降低成本
成长	20 世纪 90 年代中期至今	网络化制造	伴随着互联网的大规模普及应用，先进制造进入了以万物互联为主要特征的网络化阶段
目标	未来	智能化制造	随着大数据、云计算、机器视觉等技术的突飞猛进，人工智能逐渐融入制造领域，先进制造开始步入以新一代人工智能技术为核心的智能化制造阶段。但受限于人工智能技术的发展水平及其在制造业的应用尚未成熟，目前的智能制造还远未达到"自适应、自决策、自执行"的完全智能化阶段，智能化制造仍是未来的主要发展目标

智能制造是中国制造业转型升级、提质增效的必由之路。近年来，中国的经济发展已由高速增长阶段逐步转入高质量发展阶段，政府更加关注优化经济结构、转换增长动力。制造业仍是供给侧结构性改革的主要领域，尽管制造业增加值在全国 GDP 总量中的比重呈下降态势，但以制造业为代表的实体经济才是中国经济高质量发展的核心支撑力量。2015 年和 2016 年，中国制造业增加值的同比增速仅为 3.5% 和 5.9%，原料土地人力资源等生产要素成本的不断上涨使制造业本就不高的利润率很难提升。提高质量效益、转变生产方式是中国制造业必须要解决的问题，而发展智能制造是中国制造由大到强的首要选择。特别是 2020 年，受疫情冲击，中国数字化转型的重点必然由消费或服务领域转向制造领域。

对制造业企业而言，构建智能制造系统的核心价值主要体现在降低生产成本、提升生产效率、重塑生产方式，如图 5-6 所示。

基于对生产现场数据与生产工艺、运营管理等数据的综合考量，企业能够实现更精准的供应链管理和财务管理，减少物料浪费，减轻仓储压力，降低运营成本；通过对各环节数据的全面采集和深度分析，企业能够发现导致生产瓶颈与产品缺陷的深层次原因，不断提高生产效率及产品质量；引入高度柔性的以数控机床、机器人为主的生产设备，企业可以实现多品种、小批量的新型生产方式，推动生产模式由大规模生产向个性化定制生产进化。

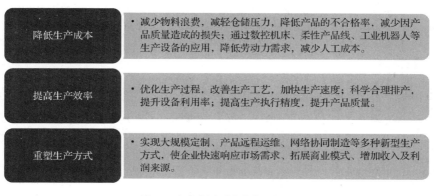

图 5-6　智能制造系统的核心价值

2. 智能制造的内涵

智能制造的内涵包括四个方面，如图 5-7 所示。

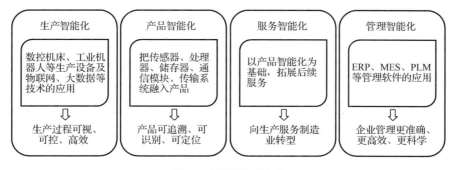

图 5-7　智能制造的内涵

1）生产智能化

通过数控机床、工业机器人等生产设备的应用，融合物联网、大数据等技术，在生产线上密布传感器，每个加工配件自动识别，将数据传输到工业互联网，调用工业机理模型，确定每个配件的生产路线和工序，从而实现混线生产，提升生产线敏捷和精准的反应能力，使生产过程可视、可控、高效，实现生产智能化。

2）产品智能化

在产品的制造过程中，把传感器、处理器、储存器、通信模块、传输系统融入产品，使产品具备感知、通信能力，产品可追溯、可识别、可定位，实现产品智能化。

3）服务智能化

利用大数据勾勒用户画像，了解客户的需求偏好、行为偏好、渠道偏好，以产品智能化为基础，拓展后续服务，提供差异化、个性化、精准化服务，从生产性制造向生产服务的制造业转型，实现服务智能化。

4）管理智能化

基于平台对零件、设备、产线等进行 3D 建模，建立数字孪生生产线，并将核心数据传输至 ERP、生产过程执行系统（MES）、产品生命周期管理（PLM）等管理软件，使制造业企业的管理更加准确、更加高效、更加科学，实现管理智能化。

3. 智能制造的系统设计

制造业是一个极其庞大的领域，涵盖了 30 个大类行业、191 个中类行业、525 个小类行业。由于涉及的行业、领域众多，不同行业及领域的企业在生产运营中的主要关注点不同，即便同行业的不同企业需要解决的问题也是千差万别，因此制造业企业智能化不存在"放之四海而皆准"的普适路径。制造业企业实现智能化要从自身的核心痛点出发，在合理且有延续性的整体规划与顶层设计的基础上，沿着"智能制造要素—智能制造能力—智能制造系统"的发展方向，分阶段、持续性地获取智能制造要素，建立、完善、扩展企业在研发设计、生产制造、物流仓储、订单获取、产品服务等各个环节的"智造能力"，最终形成完整、高效、科学的智能制造系统。

制造业企业生产活动中各个环节的智能制造能力可以从预期收益、成本下降、资金投入、时间跨度、实施难度五个维度进行分析评价，并以此为基础进行智能制造的系统设计。如图 5-8 所示。

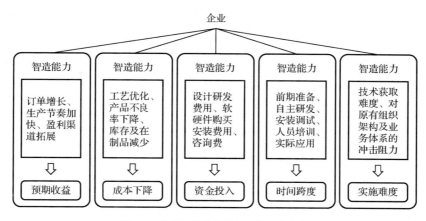

图 5-8　智能制造能力分析评价五个维度

（1）预期收益："智造能力"通过订单增长、生产节奏加快、盈利渠道拓展等方式为企业创造收益的能力。

（2）成本下降："智造能力"通过工艺优化、产品不良率下降、库存及在制品减少等途径，为企业生产经营降低成本的能力。

（3）资金投入：企业建立"智造能力"过程中的设计研发费用、软硬件购买安装费用、相关咨询费用等各项资金投入总量。

（4）时间跨度："智造能力"需要的前期准备、自主研发、安装调试、人员培训、实际应用等过程需要耗费的时间总和。

（5）实施难度：企业构建"智造能力"面临的相关技术获取难度、对原有组织架构及业务体系的冲击阻力等因素综合评估。

新一代智能制造是一个大系统，主要由智能产品与制造装备、智能生产、智能服务三大功能系统，以及工业智联网和智能制造云两大支撑系统集合而成。新一代智能制造技术是一种核心使能技术，可广泛应用于离散型制造和流程型制造的产品创新、生产创新、服务创新等制造价值链全过程的创新与优化。

1）智能产品与制造装备

新一代人工智能和新一代智能制造将给产品和制造装备创新带来无

限空间,使产品和制造装备产生革命性变化,从"数字一代"整体跃升至"智能一代"。设计是产品创新的最重要环节,智能优化设计、智能协同设计、与用户交互的智能定制、基于群体智能的"众创"等都是智能设计的重要内容。从技术机理看,"智能一代"产品和制造装备就是具有新一代"人-信息-物理系统"(HCPS)特征的,高度智能化、宜人化、高质量、高性价比的产品和制造装备。研发具有新一代 HCPS 特征的智能设计系统是发展新一代智能制造的核心内容之一。

2)智能生产

智能生产是新一代智能制造的主线。智能产线、智能车间、智能工厂是智能生产的主要载体。新一代智能制造将解决复杂系统的精确建模、实时优化决策等关键问题,形成自学习、自感知、自适应、自控制的智能生产线、智能车间和智能工厂,实现产品制造的高质、柔性、高效、安全与绿色。

3)智能服务

以智能服务为核心的产业模式变革是新一代智能制造的主题。在智能时代,市场、销售、供应、运营、维护等产品全生命周期服务,均因物联网、大数据、人工智能等新技术而被赋予了全新的内容。新一代人工智能技术的应用将催生制造业新模式、新业态:一是,从大规模流水线生产转向规模化定制生产;二是,从生产型制造向服务型制造转变,推动服务型制造业与生产性服务业大发展,共同形成大制造新业态。制造业产业模式将实现从以产品为中心向以用户为中心的根本性转变,完成供给侧结构性改革。

4)智能制造云与工业智联网

智能制造云和工业智联网是支撑新一代智能制造的基础。随着新一代通信技术、网络技术、云技术和人工智能技术的发展和应用,智能制造云和工业智联网将实现质的飞跃。智能制造云和工业智联网将由智能网络体系、智能平台体系和智能安全体系组成,为新一代智能制造生产力和生产方式变革提供发展的空间和可靠的保障。

5）系统集成

新一代智能制造内部和外部均呈现出前所未有的系统"大集成"特征。一方面是制造系统内部的"大集成"：企业内部设计、生产、销售、服务、管理过程等实现动态智能集成，即纵向集成；企业与企业之间基于工业智联网与智能云平台，实现集成、共享、协作和优化，即横向集成。另一方面是制造系统外部的"大集成"：制造业与金融业、上下游产业的深度融合，形成了服务型制造业和生产性服务业共同发展的新业态；智能制造与智能城市、智能农业、智能医疗等交融集成，共同形成智能生态大系统，即智能社会。新一代智能制造系统大集成具有大开放的显著特征，具有集中与分布、统筹与精准、包容与共享的特性，具有广阔的发展前景。

5.4.3　智能物流

1. 智能物流系统概述

随着国家经济进入转型升级阶段，土地人工等成本不断上升，靠低成本或扩大销售难以获得利润，机械自动化、物流自动化作为降本增效新的利润增长点，其战略地位将得到凸显。智能物流是现代物流的发展方向，智能物流将 RFID、传感器、GPS、云计算等信息技术广泛应用于物流运输、仓储、包装、装卸搬运、流通加工、配送、信息服务等各个环节，实现物流系统的智能化、网络化、自动化、可视化、系统化。随着物联网、人工智能等技术的发展，以及新零售、智能制造等领域对物流的更高要求，智能物流市场规模将持续扩大，预计到 2025 年，智能物流市场规模将超过万亿。

智能物流是利用集成智能化技术，使物流系统能模仿人的智能，具有思维、感知、学习、推理判断和自行解决物流中某些问题的能力。智能物流未来发展的特点有：智能化、一体化和层次化、柔性化、社会化，如图 5-9 所示。

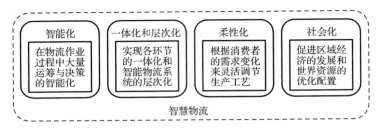

图 5-9　智能物流未来发展的特点

（1）智能化：在物流作业过程中的大量运筹与决策的智能化。

（2）一体化和层次化：以物流管理为核心，实现物流过程中运输、存储、包装、装卸等环节的一体化和智能物流系统的层次化。

（3）柔性化：智能物流的发展会更加突出"以顾客为中心"的理念，根据消费者的需求变化来灵活调节生产工艺；

（4）社会化：智能物流的发展将会促进区域经济的发展和世界资源的优化配置，实现社会化。

通常来讲，智能物流的系统具有四个智能机理，即信息的智能获取技术、智能传递技术，智能处理技术和智能运用技术。在当前的时代契机下，除了制造业的智能化发展，智能物流也是各国智能制造的核心理念之一，物流行业逐步向智能化和自动化发展。各国政府也针对物流产业推出了一系列标准化和产业融合政策，智能物流有望在国家政策支持和大量市场需求的推动下迎来新一轮的爆发期。面对现代制造业日益提高的客户个性化需求、人机工程学水平及生产作业效率，企业必须有效组织和管理物流活动，降低供应链成本，提高智能化效率，打造数字化管理，智能物流的重要性不言而喻。可以说，没有智能物流，就无法实现智能制造，智能物流与智能制造是一脉相承的。

2. 智能物流系统解决方案

智能物流系统是在智能交通系统和相关信息技术的基础上，以电子商务方式运作的现代物流服务体系。它通过智能交通系统和相关信息技术解决物流作业的实时信息采集问题，并在一个集成的环境下对采集的信息进行分析和处理。通过在各个物流环节进行信息传输，为物流服务提供商和客户提供详尽的信息和咨询服务。智能物流信息系统的建设应突出如下八个方面。

（1）建立基础数据库。建立内容全面丰富、科学准确、更新及时且能够实现共享的信息数据库是企业建立信息化和智能物流的基础。尤其在数据采集挖掘、商业智能方面，更要做好功课，对数据采集、跟踪分析进行建模，为智能物流的关键应用打好基础。

（2）推进业务流程优化。目前企业传统物流业务流程中信息传递迟缓，运行时间长，部门之间协调性差，组织缺乏柔性，制约了智能物流建设的步伐。企业尤其是物流企业需要以科学发展观为指导，坚持从客户的利益和资源的节约保护出发，运用现代信息技术和最新管理理论对原有业务流程进行优化和再造。企业物流业务流程的优化和再造包括观念再造、无边界组织建设、工作流程优化和再造（主要指对客户关系管理、办公自动化和智能监测等业务流程的优化和再造）。

（3）重点创建信息采集跟踪系统。信息采集跟踪系统是智能物流系统的重要组成部分。物流信息采集系统主要由 RFID 和传感器数据处理中心系统组成。每当识读器扫描到一个电子编码系统标签所承载的物品的信息时，收集到的数据将传递到整个 Savant 系统，为企业产品物流跟踪系统提供数据来源，从而实现物流作业的无纸化。而物流跟踪系统则以 Savant 系统作为支撑，使用对象名解析服务和实体标记语言，包括产品生产物流跟踪、产品存储物流跟踪、产品运输物流跟踪、产品销售物流跟踪，以保证产品流通安全，提高物流效率。当然，创建信息采集跟踪系统，要先做好智能物流管理系统的选型工作，其中信息采集跟踪子系统是重点考察内容。

（4）实现车辆人员智能管理。①车辆调度：提供送货派车管理、安检记录等功能，对车辆实现订单的灵活装载。②车辆管理：管理员可以新增、修改、删除、查询车辆信息，并且随时掌握每辆车的位置信息，监控车队的行驶轨迹，避免车辆遇劫或丢失，并可设置车辆超速告警及进出特定区域告警。③监控司机、外勤人员实时位置信息，查看历史轨迹。④划定告警区域，车辆、人员进出相关区域都会发出告警信息，并可设置电子签到，最终实现物流全过程可视化管理。

（5）做好智能订单管理。智能物流的重点是实现智能订单管理，一是让公司呼叫中心员工或系统管理员接到客户发（取）货请求后，只需录入客户地址和联系方式等信息，就可查询、派送订单；二是通过全球定位系统定位某个区域范围内的派送员，将订单任务指派给最合适的派送员，而派送员通过手机短信来接受和执行任务；三是系统应能提供扫描条码和拍照上传签名的功能，提高派送效率。

（6）积极推广战略联盟。智能物流建设的成功需要企业尤其是物流企业同科研院校、研究机构、非政府组织、各相关企业、IT公司等通过签订协议而结成资源共享、优势互补、风险共担、要素水平双向或多向流动的战略联盟。战略联盟具有节省成本、积聚资源、降低风险、增强物流企业竞争力等优势，还可以弥补建设物流企业所需资金、技术、人才之不足。

（7）制定危机管理机制。智能物流的建设不仅要加强企业常态化管理，更应努力提高危机管理水平。企业尤其是物流企业应在物联网的基础上建设智能监测系统、风险评估系统、应急响应系统和危机决策系统，这样才能有效应对火灾、洪水、极端天气、地震、泥石流等自然灾害及瘟疫、恐怖袭击等突发事件对智能物流建设的冲击，尽力避免或减少对客户单位、零售终端、消费者和其他相关人员的生命和财产造成伤害和损失，实现物流企业的健康有序发展。

（8）将更多物联网技术集成应用于智能物流。物联网建设是企业未来信息化建设的重要内容，也是智能物流系统的重要组成部分。目前在物流业应用较多的感知手段主要是RFID和全球定位系统，今后随着物联网技术的不断发展，激光、卫星定位、全球定位、GIS、智能交通、M2M等多种技术也将更多地集成应用于现代物流领域，用于现代物流作业中的各种感知和操作。例如，温度感知技术应用于冷链物流，侵入系统感知技术应用于物流安全防盗，视频感知技术应用于各种控制环节和物流作业引导等。

5.4.4　智能仓储

随着我国人口红利的消退、社保税费成本的提升，仓储行业用人成本不断提升，智能仓储优势凸显。电商、物流产业的发展更是带动了对智能仓储的需求。

1. 国内智能仓储系统的发展历程

（1）起步阶段：1975—1985 年。这一时期，我国已完成智能仓储系统的研制，但由于经济发展的限制，应用极其有限。

（2）发展阶段：1986—1999 年。随着现代制造业向中国逐步转移，相关企业认识到现代化物流系统的重要性，自动化仓储技术获得市场认可，相关技术标准也陆续出台，促进了行业发展。

（3）提升阶段：2000 年至今。在这一阶段，市场需求与行业规模迅速扩大，技术全面提升。现代仓储系统、分拣系统和自动化立体库技术在国内各行业开始得到应用，在烟草、冷链、新能源汽车、医药、机械制造等行业的应用尤为突出。更多国内企业进入自动化物流系统领域，通过引进、学习世界先进的自动化物流技术及加大自主研发的投入力度，国内的自动化物流技术水平有了显著提高。

2. 智能立体仓储的硬件

智能立体仓储一般是指采用几层、十几层乃至几十层高的货架储存单元货物，用相应的智能化物料搬运设备，利用控制系统进行货物出入库作业的仓储系统。仓储的立体库技术可实现仓库层高合理化、存取自动化、操作简便化、管理智能化，在智能仓储中得到了广泛应用。

智能立体仓储的硬件主要由存储单元、物料转运单元和辅助设施单元组成。

1）存储单元

存储单元主要是指存储货架，是钢结构或钢筋混凝土结构的建筑物或结构体，货架内是标准尺寸的货位空间，用于存储货物单元。

根据货架的组成结构可以将其细分为单元货格式货架、贯通式货架、自动化柜式货架等。

在存储货架的实际设计和建设中，会根据货物的存储要求、现场的施工作业环境等因素来决定具体的货架高度和结构类型。

在智能仓储系统中，存储单元会配置相应的 RFID 标签、二维码或感应器等识别感应工具，以标识存储单元内的货物信息、存储环境等，并通过仓库管理系统实现库内管理等功能。

2）物料转运单元

物料转运单元的作用是将物料在库位与库位、库位与工位之间进行流转。物料转运根据使用场景可分为库内转运和库外转运。库内转运会根据物料存储的具体情况（如物料的物理性质、转运周期、转运速度等）来具体配置。常见的库内转运设备有堆垛机、穿梭车等。

3）辅助设施单元

辅助设施单元通常包含消防设施、照明设施、通风及采暖设施、动力设施、给排水设施、环保设施等，其作用是保证立体仓库硬件设施的正常运行，以及满足物料的存储环境需求。自动化程度较高的立体仓储还配备外部功能模块，如自动装箱模块、码垛工作站和自动分拣站等。仓库管理系统对接入的外部功能模块进行统一监控与管理，并根据生产任务进行统一调度，智能管理整个仓储物流系统，使仓储物流系统能够与生产无缝对接，减少在制品、暂存品等物料在生产现场的堆积。

3. 智能立体仓储的分类

智能立体仓储一般按照建筑物形式、货架构造形式和装取货物机械种类的不同进行分类。

1）按照建筑物形式分类

（1）整体式智能立体仓储。库房货架除了存储货物单元，还作为建筑物的支撑结构，使库房、货架一体化。

（2）分离式智能立体仓储。库房货架在建筑物内部独立存在。

2）按照货架构造形式分类

（1）单元货格式智能立体仓储。单元货格式智能立体仓储是一种标准格式的通用性较强的立体仓库，其特点是每层货架都由同一尺寸的货格组成，货格开口面向货架之间的通道，装取货物机械在通道上行驶，能对左、右两边的货架进行装、取作业。每个货格中存放一个货物单元或组合货物单元。货架以两排为一组，组间留有通道。这种仓库需留有较多的通道，面积利用率不太高（约为 60%），但空间利用率较高，并可用多种起重装卸机械进行作业。

（2）贯通式智能立体仓储。贯通式智能立体仓储又称流动型货架仓库，是一种密集型仓库，货架之间没有间隔，紧靠在一起，不留通道，实际上成了一个货架组合整体。这种货架的独特之处在于，每层货架的每列纵向贯通，像一条条隧道，隧道中能依次放入货物单元，使货物单元排成一列。货架结构为一端高、一端低，使贯通的通道呈一定坡度。在每层货架底部安装滑道、辊道，或者在货物单元装备（如货箱、托盘）底部安装轮子，货物单元可在自身重力作用下沿坡道高端自动向低端运动。如果单元货物容器有自行运行机构，或者货架中安装有相应机构，货架也可水平安装而不需要坡度。

（3）自动化柜式智能立体仓储。自动化柜式智能立体仓储是小型、可移动的封闭式立体仓库，由柜外壳、控制装置、操作盘、储物箱和传动机构组成。其主要特点是小型化、轻量化、智能化，尤其是封闭性强，有很强的保密性，适合储存贵重的电子元件、贵金属、首饰、资料文献、档案材料、音像制品、证券票据等。

3）按照装取货物机械种类分类

（1）巷道堆垛机智能立体仓储。立库货架间的巷道内采用巷道堆垛机来进行物料的出入库作业，堆垛机上加装智能辅助设备，通过仓储管理系统进行管理和调度。

（2）穿梭车式智能立体仓储。穿梭车在货架内部进行物料的出入库作业，轨道同时承担货物输送和货物存储功能。

4. 智能立体仓储管理系统

智能立体仓储管理系统可独立实现仓储管理的各种功能，通过出入库管理、库内管理及与上下游的信息交互，有效提高企业仓库的执行效率和生产效率，降低生产成本，提高客户的满意度，进而提升企业的核心竞争力。

智能立体仓储管理系统主要包括以下几部分内容。

（1）入库管理：包括入库通知、收货管理、检验管理、上架管理、装箱管理、库位预约管理等。

（2）出库管理：包括出库通知、波次管理、拣货管理、集货管理、发货管理、库位分配管理等。

（3）库内管理：包括盘点管理、补货管理、库存调整、移位管理、流通加工管理、库存锁定管理等。

智能立体仓储管理系统集成了信息技术、RFID 技术、条码技术、电子标签技术、互联网技术及计算机应用技术等，将仓库管理、无线扫码、电子显示、互联网应用有机地组成一个完整的系统，从而提高企业仓库的作业效率，实现信息资源的充分利用。

通过合理运用智能立体仓储管理系统，企业在仓库管理上可以实现精益化管理。

第一，数据采集及时、过程精准管理、全自动化智能导向、提高整体库存工作效率。

第二，库位精确定位管理、状态全面监控、充分利用有限仓库空间。

第三，实时掌握库存情况，合理保持和控制企业库存。

第四，通过对批次信息的自动采集，实现了对产品生产和销售过程的可追溯性。

5. 智能仓储信息管理优化方案

智能仓储信息管理是指对仓储货物的收发、结存等活动的有效控制，其目的是保证仓储货物完好无损，确保企业生产经营活动的正常进行，并在此基础上对各类货物的活动状况进行分类记录，以明确的图表方式表示仓储货物在数量、品质方面的状况，以及仓储货物当前所在的地理位置、部门、订单归属和仓储分散程度等。

1）订单处理作业

智能仓库信息管理的第一步就是订单管理作业，物流中心的交易流程为：客户咨询，业务部门出具报表，企业接收订单，业务部门查询出货日的存货状况、装卸货能力、流通加工负荷、包装能力、配送负荷等，答复客户，当订单无法按照客户的要求交货时，业务部加以协调。由于物流中心一般均非随货收取货款，而是在客户收到货物一段时间后结账，因此在处理订单资料的同时，业务人员应依据公司对客户的授信状况查核是否超出其授信额度。在特定时段,业务人员应统计该时段的订货数量，并予以调货、分配出货程序和数量。退货资料的处理也应在此阶段进行。此外，业务部门应制定报表计算方式，做好报表历史资料管理，约定客户订购最小批量、订货方式或订购结账截止日期。

2）采购作业

采购作业的内容包括：商品数量统计，向供货厂商查询交易条件，企业依据自身所制定的数量及供货厂商所提供的较经济的订购批量，提出采购单。采购单发出之后，企业进行入库进货的跟踪运作。

3）进货入库作业

采购单开出之后，采购人员进货入库、跟踪催促，入库管理员可依据采购单上预订的入库日期，做入库作业排程、入库站台排程。商品入库当日，当货品入库时做入库资料查核、入库品检，查核入库货品是否与采购单内容一致，当品项或数量不符时，做适当的修正或处理，并将入库资料登记建档。入库管理员可依照一定的方式指定卸货及栈板堆叠。对于从客户处退回的商品，经过退货品检、分类处理后登记入库。

一般商品入库堆叠于栈板之后有两种作业方式。一种方式为商品入库上架，储放于储架上，等候出库，需要时再予出货。商品入库上架由电脑或管理人员依照仓库区域规划管理原则或商品生命周期等因素来指定储放位置，或者在商品入库之后登录其储放位置，以便日后进行存货管理或出货查询。另一种方式为直接出库，此时管理人员依照出货要求，将货品送往指定的出货码头或暂时存放地点。在入库搬运的过程中由管理人员选用搬运工具、调派工作人员，并做工具、人员的工作时程安排。

4）库存管理作业

库存管理作业包含仓库区的管理和库存数量的控制。仓库区的管理包括货品在仓库区域内的摆放方式、区域大小、区域分布等规划。货品进出仓库遵循先进先出或后进先出的原则。库存数量的控制则依照一般货品出库数量、入库所需时间等来制定采购数量和采购时点，并建立采购时点预警系统。制定库存盘点方法，在一定期间印制盘点清册，并依据盘点清册的内容清查库存数、修正库存账册、制作盘亏报表。

5）补货及拣货作业

统计客户订单资料后，企业可知道货品真正的需求量，在出库日，当库存数足以供应出货需求量时，企业即可依据需求数印制出库拣货单及各项拣货指示，进行拣货区域规划布置、工具选用及人员调派。出货拣取不只包含拣取作业，更应注意拣货架上商品的补充，使拣货作业得以顺畅地进行而不至于缺货，期间应做好补货水准和补货时点的制定、补货作业的排程、补货作业人员的调派等工作。

6）流通加工作业

商品由物流中心送出之前可在物流中心做流通加工处理，在物流中心的各项作业中，流通加工最易提高货品的附加值。流通加工作业包含商品的分类、过磅、拆箱重包装、贴标签及商品的组合包装。要想达成完善的流通加工，必须做好包装材料及容器的管理、组合包装规则的制定、流通加工包装工具的选用、流通加工作业的排程、作业人员的调派等工作。

7）出货作业

完成货品的拣取及流通加工作业之后，即可执行商品的出货作业。出货作业的主要内容包含依据客户订单资料印制出货单据，制定出货排程，印制出货批次报表、出货检核表等。由排程人员决定出货方式，选用集货工具，调派集货作业人员，并决定所运送车辆的大小和数量。由仓库管理人员或出货管理人员决定出货区域的规划布置和出货商品的摆放方式。

8）配送作业

配送作业的主要内容是将货品装车并实时配送，要达成配送作业，必须事先规划配送区域或配送路线，根据配送路径选用的先后次序来决定商品装车的顺序，并在商品配送途中对商品进行追踪和控制，对发生的意外状况进行处理。

9）会计作业

商品出库后，销售部门可依据出货资料制作应收账单，并将账单转入会计部门作为收款凭据。商品入库后，由收货部门制作入库商品统计表以作为供货厂商请款稽核之用，并由会计部门制作各项财务报表以供营运政策制定及营运管理参考。

10）营运管理及绩效管理作业

除了上述物流中心的实体作业，要实现良好的物流中心运作，还需要高层管理者通过各种考核评估来达成物流中心的效率管理，并制定良好的营运决策及方针。而营运管理和绩效管理可以由各个工作人员或中级管理层提供各种资讯和报表，包括出货销售的统计资料、客户对配送服务的反映报告、配送商品次数及所用时间的报告、配送商品的失误率、仓库缺货率分析、库存损失率报告、机具设备损坏及维修报告、燃料耗材等使用量分析、设备成本分析、退货商品统计报表、作业人力的使用率分析等。

5.4.5　智能配送

1.智能配送概述

一般的物流是指运输和保管，而配送则是指分拣配货和运输。通常来讲，配送的核心要素有以下几个。

（1）集货。集货是将分散的或小批量的物品集中起来，以便进行运输、配送的作业。

（2）分拣。分拣是将物品按品种、出入库先后顺序进行分门别类地堆放的作业。

（3）配货。配货是使用各种拣、选、取设备和传输装置，将存放的物品按客户要求分拣出来，配备齐全，送入指定发货地点的作业。

（4）配装。在单个客户配送数量不能达到车辆的有效运载负荷时，就会出现如何集中不同客户的配送货物进行搭配装载，以充分利用车辆运能、运力的问题，这就需要将货物进行配装。通过配装送货，可以大大提高送货水平，降低送货成本。

（5）运输。配送运输由于配送客户多，加上城市交通路线比较复杂，如何规划最佳路线，使配装和路线有效搭配等，是配送运输要解决的问题，也是一项难度较大的工作。

（6）送达服务。要圆满地将货物移交给客户，并有效、方便地处理相关手续，完成结算，还应讲究卸货地点、卸货方式等。因此，送达服务是配送独有的特征。

（7）加工。配送加工是按照配送客户的要求所进行的流通加工。

2.智能配送的解决方案

1）核心技术

智能配送的核心技术是 AI 技术，相对于互联网 AI 技术，配送环节的 AI 技术面临更大的挑战，因为互联网的整个流程可以在线上全部完成，类似搜索、推荐、图像和语音识别这种线上产品常用的 AI 技术；而配送环节的 AI 技术可复制性不大，因为配送必须在线下一个环节一个环节地进行，这就要求 AI 技术必须能够面对复杂的真实物理世界，必须能深度感知、正确理解和准确预测，并瞬间完成复杂的决策。

2）层次分类

智能配送的核心是做好资源的优化配置。配送连接了订单需求和运力供给，为了达到需求和供给的最好平衡，不仅要在线下运营商家、运营骑手，还要在线上将这些需求和运力供给进行合理配置，目的是提高效率。只有使配送效率最大化，才能带来良好的顾客体验，实现较低的配送成本。可将资源优化配置的过程分为三层：基础结构优化、市场调节优化和实时匹配优化。

基础结构优化直接决定了配送系统效率的上限，其周期比较长、频率比较低，包括配送网络规划、运力结构规划等。

市场调节优化相对来说是中短期的，主要通过定价或者营销手段，使供需达到一个相对理想的平衡状态。当某种商品供不应求时，价格上涨，这时商品的需求减少，供给增加；当某种商品供大于求时，价格下跌，引起需求量的增加和供给减少。

实时匹配优化的频率是最高的，决策的周期也是最短的。根据客户类型、客户订单的情况进行处理，自动优化处理，形成最佳送货路线，保证配送成本及效率指标最佳。

针对上述智能配送的三层优化，应做好对应的配送算法的设计：规划系统、定价系统和调度系统。在配送过程中进行精准的数据采集、感知、预估，为优化决策提供准确的参数输入。

3）主要参数

（1）ETA（Estimated Time of Arrival，时间送达预估）是配送系统的核心参数，与用户体验、配送成本有直接关系，而且会直接影响调度系统和定价系统的最终决策。一个订单中涉及很多时长参数，比如骑手（接单—到店—取货—送货）、商户（出货）、用户（交付），还要经过室内室外的场景转换，因此挑战性非常高。

（2）精准预估预测。利用机器学习方法，可以将配送的几乎所有环节都进行精准的预估预测。用户感知比较明显是预计送达时间，贯穿多个环节：商家列表（从配送时长角度让用户更好地选择商家）、订单预览（给用户一个准确的配送时间预期）、实时状态（下单后实时反馈最新的送达时间）。

以交付时长为例进行预估预测。

交付时长是指骑手抵达收货地址后，将外卖交付到用户手中并离开的时间，需要在三维空间内计算（上楼—下楼）。交付时长精准预估，有两点重要的意义，首先是客观衡量配送难度，给骑手合理补贴；其次，考虑对骑手身上后续订单的影响，防止调度不合理，导致其他订单超时。交付时长的预估预测要做到楼宇和楼层的精准颗粒度计算，具体可以拆解为以下几步。

第一步，地址的精准解析。精确到楼宇／单元／楼层，地址精度需要在 5 级之上（4 级：街道，5 级：楼宇），国内拥有这个级别精细化数据的公司屈指可数。数据的安全级别很高，需要做各种数据保护与隔离，确保用户隐私和数据安全。地址信息的多种表达方式、各种变形，需要较强的自然语言理解（NLU）技术能力支撑。

第二步，交付时长预估。通过骑手轨迹进行"入客—离客"识别，并进行大量数据清洗工作。统计各个粒度的交付时长，通过树形模型快速搜索各个粒度的数据。因为预估精度是楼宇和楼层，数据稀疏，很难直接进行统计，需要通过各种数据平滑和回归预估，处理数据稀疏和平滑的问题。

第三步，下游业务应用。给调度和定价业务，提供"楼宇＋楼层"维度的交付时长，在不同楼宇，不同楼层交付时长的区分度还是很明显的。尤其是楼层与交付时长并不是线性相关，对骑手决策行为调研发现：低楼层骑手倾向于走楼梯，高楼层则坐电梯。

（3）配送中最重要的数据之一：地图。地图对配送的重要性毋庸置疑，前面提到的 5 级地址库只是其中一部分。配送地图的目标可以概括为以下两点。

正确的位置。实时部分：骑手实时位置；静态部分：用户和商户准确的地址和位置。

正确的导航。两点之间正确的距离和路线；突发情况的快速反应（封路、限行）。

在实际配送中，平台都会要求骑手在完成交付后进行签到，这样就会积累大量的上报数据，对于后续进行精细化挖掘非常有帮助。收集的原始数据，虽然还是非常凌乱，但是已经能看到这其中蕴含着极高的价值，具体来说有三方面。

数据量大。每天巨量的订单、轨迹数据可以充分覆盖每一个小区／楼栋／单元门。

维度多样。除了骑手签到和轨迹数据，还有大量的用户、商户和地图数据。多种数据维度可以交叉验证，有效避免数据的噪音，提高挖掘结果精度。

数据完备。在局部（用户和商户）数据足够稠密，置信度比较高。

在数据挖掘的实际过程中，其实并没有什么"高大上"的必杀技，无法使用流行的 End2End 方法，基本上还是需要对各个环节进行拆解，扎扎实实地做好各种基础工作，整个挖掘过程可分为以下几个步骤：（1）基于地址分组；（2）数据去噪；（3）数据聚合；（4）置信度打分。其中主要技术挑战是在各种场景中保证数据挖掘质量和覆盖率，具体来说主要有三个挑战。

数据去噪。数据噪音来源比较多样，包括 GPS 的漂移、骑手误操作、违规操作等。一方面是针对噪音原因（比如一些作弊行为）进行特殊处理，另一方面要充分发挥数据密度和数据量的优势，在保证尽量去除离群值后，依然保持可观的数据量。能够同时使用其他维度的数据进行验证也是非常重要的，甚至可以说数据的多样性和正交性，决定了我们能做事情的上限。

数据聚合。不同区域的楼宇密度完全不一样，具有极强的本地属性，使用常规聚类方法比较难做到参数统一，需要找到一种不过分依赖样本集合大小且对去噪不敏感的聚类算法。

重名问题。这个在用户地址中比较常见，用户提供的地址信息一样，但实际是两个地方。这种情况下的处理原则是一方面要求纠正后坐标更符合骑手签到情况，另一方面新坐标的签到数据要足够稠密。

3. 智能配送的发展趋势

智能配送是物流领域的"最后一公里"，会直接影响消费者的服务体验。未来的智能配送受到国家政策、电子商务交易增速、科技进步、商业零售变革、消费者需求变化等多方面的影响，将以"降本增效"和"用户体验"为核心，呈现智能化、多元化、绿色化、脸谱化、品质化五大趋势。

1）智能化持续升级

随着技术发展的日新月异，快递行业纷纷加速向智慧物流转型，智能化已经成为全行业转型升级、降本增效的基础。一系列智能算法、自动分拨流水线、机器人分拨相继投入使用，使分拣、干线等各环节的效率显著提升。但由于末端配送仍需消耗大量人力，尤其像迎战"双11"这样的行业高峰，配送行业整体的智能化水平还有待升级。

2）多元化配送将成常态

随着"天量"包裹的常态化，以及不同场景的个性化需求，多元化配送、多元场景解决方案将成为未来末端配送的常态。例如，我国每年的"双11"物流"大考"，没有任何一家企业可以独立承担"双11"期间天量包裹的配送工作，需要全行业通力合作、社会化协同的多元化解决方案。

3）绿色化全面提速

2017年11月，国家邮政局、发展改革委等十部委联合发布了《关于协同推进快递业绿色包装工作的指导意见》，将每年11月第一周作为"绿色快递宣传周"，并提出到2020年可降解的绿色包装材料应用比例将提高到 50%，基本淘汰重金属等特殊物质超标的包装物料，基本建成专门的快递包装物回收体系。

在此背景下，京东物流发起了"青流计划"。计划宣称，京东物流会将体系内几十万辆车替换为新能源车，并联动合作伙伴，3 年内减少 100 亿个一次性纸箱的使用量。同时，京东物流还宣布投入 10 亿元成立京东物流绿色基金，用于倡导和推动供应链环保技术改造、创新研发、绿色消费社会。

苏宁物流在 2017 年"双 11"期间宣布将大力实施"共享快递盒"行动，截至 2017 年 10 月，其投放的 5 万只共享快递盒已经累计节约了 650 万个快递纸箱。

随着快递行业从野蛮增长到规模化稳定增长的转变，越来越多的物流企业将"绿色物流"的概念纳入运营过程中，这背后，有用技术发展降低成本的动力，也有企业自我发展、承担社会责任的驱动。

4）脸谱化势在必行

未来末端配送的脸谱化，就是以用户体验为核心，通过大数据、人工智能等技术手段，形成一套消费者专属的个性化服务体系，满足消费者不同场景下的个性化服务需求。这就好比脸谱在传统戏剧中是一套完整的符号系统，不同的色彩将赋予脸谱完全不同的性格。随着消费者对末端配送有越来越多的个性化需求，如极速达、限时达、个人信息保护等，用户体验逐渐成为企业竞争力的表现。

例如，在精细化、个性化方面，顺丰公司的产品矩阵主要有顺丰即日、顺丰次晨、重货快运、生鲜速配、顺丰专送等。京东物流正在形成包括 211 限时达、夜间配、极速达（2 小时送达）、京准达（最高精确到 30 分钟）、京尊达、生鲜品全程温控可视在内的阶梯式、个性化的行业标准。京东搭建了全球首个冷链物流全流程智能温控体系，在全国范围内陆续投放了超过 20 万个智能保温箱，近 220 个城市的消费者可实时查看其购买的京东自营生鲜商品在仓储、运输、配送等各环节的温度反馈和实时位置，实现全流程可溯源。

5）品质化升级迫在眉睫

无论从宏观环境、行业升级还是消费者需求来看，末端配送作为提升物流服务质量的关键之一，又是零售体验的关键环节，其品质化升级迫在眉睫。不过，目前占据市场 70% 以上份额的末端配送都采用加盟模式进行管理，这给品质化带来了较大的困难。

调研发现，目前，在行业内品质化服务极具代表性的主要是京东物流和顺丰速运。2016 年 6 月，京东物流开始试行微笑面单，利用技术手段从包裹生成时部分隐藏用户的姓名和手机信息，以笑脸（^_^）代替，以一种更温情的方式有效保护用户隐私。顺丰也实行"丰密面单"，收寄件人信息用编码显示。2017 年 4 月，京东物流对外发布了业内首个"五星级配送服务"标准，实行全国统一无差别服务。这一套服务标准包含"您好 +"（微笑及文明用语）服务、清洁包裹、纸箱回收、帮带垃圾、拍照通知、闪亮登场、呵护孩子、佩带鞋套、郊县代购、京尊达服务等十条服务规范。此外，在问卷调研中，"快递袋又脏又破"在"最糟心的末端配送体验中"排名第二；消费者同时也表达了对绿色消费的强烈意愿。绿色消费也为末端配送品质升级提供了新的思路，快递包装袋的材料的可降解，包装箱的循环使用、新能源车辆的引进等，也成为物流业健康发展的重要因素。推动快递末端配送的品质升级，其重要程度已经堪比提高和改善"柴米油盐酱醋茶"的民生生活。而对于企业来说，数字化创新变革可以为其末端配送给予较强助力。

5.5　企业数字化转型的实践

5.5.1　国有企业数字化转型实践

1. 国有企业数字化转型的维度

2020 年，为促进国有企业数字化、网络化、智能化发展，增强竞争力、创新力、控制力、影响力、抗风险能力，提升产业基础能力和产业链现代化水平，国务院国有资产监督管理委员会印发了《关于加快推进国有企业数字化转型工作的通知》。数字化转型对国有企业而言，既是机会也是挑战。国有企业规模庞大，组织结构复杂，人员数量众多，体系完整，业务领域宽泛，对产业链、生态链的发展有着重要影响。因此，国有企业的数字化转型不能简单地一"转"了之，需要遵循继承与发展的原则，通过渐进式的措施逐步落实开展，实现产业升维和核心价值再造。国有企业的数字化转型要区分企业的产业、行业、类型特征，围绕基础端、平台端、应用端三个维度展开。

1）加强网络基础设施建设，促进互联互通

万物互联时代，企业的联通能力是企业的竞争力，数字化转型就是要从互联互通开始，并通过互联互通不断提升数字化水平。网络基础设施建设是互联互通的基础保障，决定了企业数字化的功能水平和应用前景。首先，国有企业要充分借助新基建的规划发展思路，加快 5G 网络、数据中心等新型基础设施建设，确保数据快速流动、信息实时传送、事务高效处理的基础保障能力，构建高速、移动、安全、泛在的新一代信息基础设施，扩大网络覆盖范围，提升网络供给能力，努力形成万物互联、人机交互、天地一体的网络空间，为企业数字化转型提供基础保障。其次，国有企业要大力推进工业互联网建设，构建广覆盖、低时延、高可靠的网络空间，确保机器设备网络连通，从机器中快速获取数据，促进数据的跨区域、分布式生产、运营，推动全方位、全过程、全领域的数据流动与共享，基于从机器中获得的数据进行分析、决策，快速响应市场需求，提升全产业链的资源要素配置效率。

2）强化平台功能，实现在线协同

数字平台是国有企业数字化转型的核心载体，更是企业数字化转型的重要支撑。通过数字平台建设，首先可促进内部数据集成、流程集成、应用集成、界面集成，确保企业战略决策、经营管理、业务操作实现一体化、线上化、数字化。其次可打造外部数字供应链，构建线上线下、全流程、一体化的供应链体系，以需求为导向，实现线上定制、远程设计、协同制造，注重数据驱动、实时链接、智能配对和利益共享，全面创新产业模式和产业链形式，以供应链引领产业链，促进形成更强创新力、更高附加值的产业链。因此，国有企业要加快产业平台建设，搭建工业云平台和工业互联网平台，使数据业务化、业务数据化，构建基于市场变化的模块化生产流程和基于数字的工业 App。

3）提高应用水平，打造数字化新场景

数字化不仅是一个新兴的技术概念，更是一个新兴的商业概念，是商业模式的变革和创新，数字化正在推动场景革命，营造许多应用新场景。特别是随着数字技术的不断升级和数字资源的深度开发，经济社会各个领域实现数字覆盖，数字应用催生新的数字化场景，数字工厂、数字制造、数字生活、数字消费、数字支付等层出不穷，产生了在线经济、宅家经济、非接触式经济等新经济模式，创新了大量的数字应用场景。

2. 国有企业数字化转型的影响

通常来讲，国有企业是产业链中的核心企业，具有举足轻重的地位，核心企业的数字化转型必将对产业链带来深刻的影响，重构上下游产业之间、产业各部门之间的链条关系，重塑产业生态和产业链格局。

1）国有企业数字化转型将推动产业链结构发生根本性变革

我国的社会性质决定了我国的基本经济制度以公有制为主体，产业体系主要依托国有企业建立和发展起来，国有企业的体量和规模较大，产业领域覆盖面广泛，形成了集中控制和垂直管理的产业链模式，影响产业链上下游纵向拓展、供产销横向展开。部分国有企业为追求产业规模的集约效应、平台效应，片面追求扩张，推进业务多元化发展，扩展新的业务类型，最大限度地保障产业运行的闭环，甚至把相关辅业也包容进产业链之中，虽然产业链条不断延长，但产业链的水平并不高，活跃度不足，稳定性也比较差。随着国有企业改革和数字化转型，产业链发生了深刻的变革，从过去基于计划分工形成的产业合作，转变为基于市场竞争形成的产业联系，推动产业链变迁，形成了更具特色和活力的产业链。数字化转型可减少中间环节，简化业务流程，优化关联组织，节约交易成本，推动产业链从规模性向功能性转变，更加注重功能优势组合、资源优化配置，提高产业链的竞争力。特别是国有企业"主辅分离"改革，聚焦主营业务，分离非主营业务，把非主营业务推向市场，进一步优化了产业链，突出了功能性特点，也更加强化了功能性竞争优势。

2）国有企业数字化转型将提升国家在全球的地位，应对产业链竞争

当前，全球经济发展困难因素增多，产业竞争进一步加剧，大国博弈的焦点正在从产业链分工转向产业链竞争。在这样的竞争态势下，我们必须更好地发挥自身的体制优势，更好地发挥国有企业在产业链中的核心企业作用，夯实产业基础，提高产业水平，优化产业组织，特别是要加快推进国有企业数字化转型，使之在补链、稳链、强链中发挥主力作用。2020 年的新冠肺炎疫情防控更加印证了一个事实，那就是关键时刻还是要有"国家队"。大国经济如果没有这样的"国家队"作支撑，既不能有效竞争，也难以保证经济社会的稳定。当然，"国家队"并不意味着单一资本、垄断一切，依然要多元化、市场化。

3）国有企业数字化转型将深化产业链协同，提升产业链效应

产业链的形成是产业分工合作的结果，随着产业分工从垂直分工转向水平分工，决定了产业链逐步优化的过程，也反映了产业链的张力和能力。垂直分工是基于市场而形成的自然分工体系，是经济技术发展水平相差较大的经济体之间的分工。水平分工是经济发展水平相近或产业环节相匹配的分工。后起工业化国家或长或短都经历了从垂直分工到水平分工的过程，以此实现产业链的总体提升。我国自改革开放以来，主动融入全球产业链，从来料加工起步，逐步向制造领域延伸，把比较优势转化为规模优势和发展优势，吸引跨国公司把生产制造的配套环节批量转移过来，形成专项加工优势和超强配套能力。在此基础上，通过不断提升制造能力和产业技术水平，并及时抓住全球产业链转移机会，使我国进一步发展成为重要的制造基地和产业链枢纽，形成既是水平分工又是垂直整合的产业链合作模式。但是，无论垂直分工的产业链还是水平分工的产业链，都是基于竞争原则形成的，目标是追求各自利益最大化。而在数字化条件下，产业链是以共生为原则的，追求协同效应最大化。国有企业数字化转型将深化共生理念，放大协同效应，促进产业链信息协同、网络协同、线上线下协同。产业链全方位协同可进一步扩大产业链开放合作，促进产业全面升维，提高产业链的融合度。市场化和数字化可加速开放进程，促使国有企业扩大分工合作，优化资源配置，通过

跨界、跨境合作，最大程度地推进专业化分工、多元化合作、紧密化结合，不断提高产业链的弹性。当前，在数字化大背景下，我们面临新的产业链竞争，形势更加严峻，战略指向更加清楚。如果缺乏产业链竞争意识和应有的准备，就会增加产业链的安全风险。

4）国有企业数字化转型将催生产业链集聚化，提高产业链水平

企业数字化转型是一场革命，必然会对产业链带来深刻的影响。现有产业链是与工业化体系相适应的，传统的产业分工硬化成为一种格局，固化了产业流程和资源配置，并形成了与之相适应的产业链布局。数字化打破了产业链的格局，特别是国有企业的特殊产业地位，其数字化转型无疑是对产业链的重新格式化。其最具标志性的一点是产业链集聚化，这是与产业集群相伴而生的现象。数字化驱动产业向特定优势区域集群化发展，带动产业链集聚化特征明显，成为数字时代产业竞合发展的大趋势。产业集群从过去由核心企业带动发展为数字化驱动并引导相关产业跟进，加速向优势区域集中，逐渐成为产业发展新常态。特别是产业数字化和数字产业化为产业链的完善注入了新元素，促使产业链有机整合而不再是片段化累加，使产业链从自成体系转向共生协同。坚持共建共享、多元协同、互利共赢原则，服务于业务需求，集合更多业务相关的企业于产业链上，更是增加了产业链的活跃度，放大了产业链效应。数字化转型将保持产业链的完整性、协同性和安全性，全面提升产业链水平。

3. 国有企业数字化转型的使命

推进产业链现代化是国有企业的使命，国有企业数字化转型要以突出产业链现代化为重点，引领产业链新格局，形成产业竞争新优势。产业链现代化是一个具有时代意义的命题，是经济全球化和数字化的必然现象。工业时代，根植于竞争思维的企业规模最大化，让我们更多地关注企业规模扩张和产业竞争能力。但是，数字时代，产业的关联性已经超越了产业本身，产业链共生成为全球现象。数字化赋能产业链，形成新的产业合作模式，为产业链现代化奠定了基础。

1）以产业基础高级化支撑产业链现代化

产业链现代化以产业基础能力提升为前提，只有产业基础能力实现

全面提升，产业链现代化才能成为现实。因此，产业基础高级化和产业链现代化必须同步推进。国有企业数字化转型的着力点就是产业基础能力的提升，加大数字基础设施建设为产业发展提供了强基固本的条件，从而为产业链现代化提供基础性支撑。产业基础能力涵盖底层技术、基础零部件和材料、基础设施、质量标准、产业环境和人才队伍。从总体来看，我国产业基础能力还不高，导致产业链竞争力不足，支撑产业链现代化的能力还十分有限。因此，我国产业基础能力还有很大的提升空间，必须加大力度全面提升产业基础能力，为产业链现代化提供坚实的基础保障。提升产业基础能力重在基础建设，当前的重点是通过数字基础设施建设优化产业基础结构。目前，产业基础结构参差不齐，随着数字化进程的加快，基础设施短板凸显，这种结构性不对称既制约了数字化发展，也制约了产业链配套升级。对此，我国已经做出战略安排，如加快 5G 等新型基础设施建设，以适应数字经济发展的要求，满足产业链现代化的需要。

2）数字化推动产业链创新

产业链创新包括两个层面。一是源自企业创新的推动。产业链是以企业为主体构建的，企业创新不断推动产业链创新。特别是企业数字化创新，打破了创新流程各个环节之间的界线，促进了时间和空间上的重叠，使企业创新流程能够有效实现快速迭代。随着互联网技术从 PC 互联到移动互联再到万物互联，新技术、新业态、新场景不断更新换代，通过对人、机、物的全面互联，拓宽产业新边界，推动产业链创新。二是对产业格局的影响。现有产业链是建立在传统分工基础上的，适应了工业化的需要，形成了固有的格局。随着国有企业加快向数字化转型，必然推动产业链格局发生变化，形成全要素、全产业链、全价值链、全面连接的新型生产制造和服务体系。其核心是按照数字思维，深化多元化合作，优化产业链布局，强化共生协同效能。网络化使信息实时交互，供求精准对接，资源自由流动，线上交互打破了物理空间的限制，打破了各种形式的信息壁垒和数据资源垄断，不仅节约了时间，也重新匹配了资源。产业数字化正在为传统产业带来全方位的数字化赋能，并重构产业链、供应链和价值链。

3）平台重组产业链

国有企业的数字化转型，要通过平台赋能产业链，促进产业深度融合，增强产业链韧性；充分发挥平台优势，深化线上线下融合发展；促进产业链各环节互联互通，形成产业链企业间协同互动，产业链、供应链、价值链联动；增加产业链的稳定性、安全性、开放性。平台化使企业的联结方式发生了根本变化，平台成为产业组织者，企业从过去垂直分工的组织体转变为平台经济体，平台集合线下存量与流量，建立赋能型产业共同体，从而为关联企业精准对接供求信息，整体降低交易成本，全面提升产业链效率。数字化转型可打通供给端和用户端，取消许多中间环节，从而缩短供应链，节约产业链，提升价值链。

4）强化数字应用创新

国有企业的数字化转型，要侧重培育新业态、新模式、新场景，拓宽产业链领域，优化产业链格局。新场景开发改变了需求取向，重构了资源配置方向，从而对传统产业链进行了重组和再造。例如，在应对新冠肺炎疫情的过程中，催生并推动了许多新产业、新业态快速发展，无人配送、在线消费、在线教育、在线医疗、远程办公、云游戏等新消费需求扩张性增长，导致产业化跟进发展，速度超常。随着人们思维方式和生活消费习惯的适应性改变，数字化需求还会进一步扩大，营造数字化应用新场景。随着国有企业的数字化转型，在深化数字经济发展的同时，也不断形成了数据积累，这些数据作为全新的生产资料，既为产业数字化提供了基础支撑，也为应用场景开发提供了必要条件。数据生产资料行业深度融合，赋能产业链的各大环节，包括生产、流通、分配和销售全过程，从而创造应用新空间，完善产业链新功能。

总之，推进国有企业数字化转型是牵一发而动全身的重大变革，必须把数字化转型与深化改革结合起来，数字化转型必然推动制度性变迁，平台化经济体系的形成将创新企业体制机制，对深化国有企业改革提出了新的要求。随着"平台替代公司"，推动企业由公司制向平台化转变，也会促进国有企业的组织架构和运行机制的转变。促进转型和改革的结合，就是要放大国有企业数字化转型在产业链现代化中的带动效应，关联影响，倍加优势。

5.5.2　中小微企业数字化转型实践

中国中小微企业在数字经济领域发展迅速，地位举足轻重，是国民经济的重要支柱，据澳洲会计师公会发布的关于亚太地区小型企业调研报告，中国内地小型企业中，96% 的企业在商务中应用社交媒体，92% 的企业通过线上销售获取利润。在此次调研的印度尼西亚、越南、马来西亚、新西兰、新加坡、澳大利亚和中国等市场中，中国内地小型企业在数字经济领域的发展排名第一。中小微企业是解决民生就业的重要载体。国家统计局发布的报告显示，2018 年年末，我国中小微企业吸纳就业人员 23 300.4 万人，比 2013 年年末上涨 5.5%，占全国企业就业人员的比重为 79.4%，拥有资产总计 402.6 万亿元，占全部企业资产总计的 77.1%。中小微企业为我国经济做出了突出贡献：我国中小微企业最终产品和服务价值占 GDP 的 60% 以上，规模占比 50% 以上。另外，我国 70% 左右的专利发明和 80% 以上的新产品开发都来自中小微企业。

中小微企业的数字化升级，是数字经济时代的必然要求，更是中小微企业发展的突围之路，主要表现在如下三个方面。

1. 数字化升级助力中小微企业商业模式转变

不同类别的中小微企业需采取不同的策略开展线上经营。2020 年的新冠肺炎疫情给中小微企业带来冲击的同时也带来了新的机遇，一些原本数字化程度高的企业，诸如电商平台、线上教育、知识付费等线上项目迎来了空前的发展，而平日线上业务空白，主要以线下业务为主的企业则暴露出获客能力弱、经营模式单一、供应链运转难等短板，陷入停产、亏损的困境，能否实现线上线下一体化服务模式的转变，成为新冠肺炎疫情期间许多中小微企业生死存亡的关键点之一。此外，从长远来看，突破单一的线下经营模式有助于提升企业抵御风险、多渠道获客、精准营销等综合经营能力，因此，数字化改造下的企业商业模式进阶势在必行。但是，中小微企业数字化升级并非简单地将线下内容转移至线上，而是通过互联网线上手段，进行业务拓展和客户价值提升，涉及订单、物流和配送综合管理等一系列经营环节。

2. 数字化升级助力解决中小微企业融资困境

数字化升级可从根本上解决中小微企业融资中供需两端的难题。我国中小微企业长期存在融资难题，在传统线下融资业务中，无论供给端的金融机构还是需求端的中小微企业，都面临着难以突破的困境。首先，由于中小微企业存在大量财务管理不规范问题，财务报表缺失或造假导致商业银行无法掌握企业的真实情况，从而难以进行有效的风控和授信。其次，由于大部分中小微企业融资需求频率高而融资金额小，对商业银行而言，面对贷款金额小、坏账风险高的业务，很难有动力去进行高成本的尽调工作。数据显示，新冠肺炎疫情期间，中小微企业在短期债务偿还和员工工资发放方面都有不同程度的压力，产生了大量的融资需求，融资难的问题更加严峻，这进一步凸显了对中小微企业融资业态进行全面改造的必要性。传统融资模式的痛点正是商业银行小微金融数字化转型的驱动因素。数字化升级的赋能，使商业银行可以有效降低风控成本和坏账风险，从而有效解决中小微企业融资难的问题。

3. 数字化升级助力中小微企业内部管理效率提升

数字化升级可通过智能软硬件或平台解决中小微企业管理能力弱的痛点。随着新冠肺炎疫情得到控制，各类企业陆续进入复产复工阶段，因防疫物资供应不足造成的成本上升，以及企业为保证有效防控必须采取灵活办公模式，无疑都是后疫情时期对中小微企业提出的新挑战。由于许多中小微企业平时并未注重远程智慧办公平台的搭建，同时也并未实现智能化管理，暴露出组织架构不清晰、无法快速准确地调整和传达目标计划方案、运营管理混乱等问题，导致其在特殊时期显得尤为吃力，开源节流更无从谈起。目前国家积极出台政策，为中小微企业减负，企业管理者在借助此次"外力"扶持的同时，更应从自身生存和未来发展的角度思考企业管理信息化升级问题，真正增强"内力"，短期内可偏重企业内部正常运转，增强适应性管理，如利用互联网平台开展线上办公、视频会议、远程协作，利用云平台建立灵活的组织架构，进行绩效管理、财税管理，以及利用大数据进行资源协调、决策输出等。长期则需要进一步考虑数据价值的深度挖掘、智能生产和产业链协同等真正为企业带来资本增效的长期发展战略，这类进阶数字化管理可通过接入专业的数字服务商构建的平台来实现。

总之，中小微企业的数字化转型是一项长期任务，即使目前企业在数字化转型方面取得了不俗的成绩，也不要低估持续投资数字化资产的重要性。企业必须将数字化转型视作一段旅程，而非终点。同时，企业还需确保每位员工都了解企业数字化转型的步伐和真实进展，因为员工的持续支持非常重要。

5.5.3　银行数字化转型实践

银行在经历了物理银行、网络银行、移动银行后，已全面步入数字化时代，国内外领先银行纷纷全力投入数字化转型。

1. 银行数字化转型的背景

银行数字化转型是内外部多重因素相互作用的结果。

1）从总体上看，银行净利润增速放缓

数据显示，从 2013 年起,国内银行业净利润增速正在逐年走低。例如，2017 年银行净利润同比增长 6%，而在 2012 年，这个数字为 18.9%；2018 年，商业银行累计实现净利润 18 302 亿元，平均资本利润率为 11.73%；2019 年，商业银行累计实现净利润 2.0 万亿元，平均资本利润率为 10.96%。与此同时，不良贷款比例高位攀升，从 2012 年的 1% 增长到 2017 年的 1.86%，降低了银行业的资产质量。面对金融科技浪潮，银行不能故步自封，必须重新思考自身的业务模式，借助外力，形成合力，增强实力，在科技变革中把握机遇，进行全面的数字化转型。

2）互联网金融不断挑战银行的客户基础和业务模式

随着全球互联网的发展和智能移动终端的不断普及，金融科技行业过去五年迅速崛起，并逐渐开始改变用户的金融消费行为和交易习惯。如今，用户利用数字化渠道获取金融服务已经成为主流。2018 年，我国各类金融机构的数字化技术资金投入已达 2 297.3 亿元，其中在以大数据、人工智能、云计算等为代表的前沿科技方面投入的资金为 675.2 亿元，占总体投入的比重为 29.4%。这些金融企业的科技元素正在分流传统银行的部分业务，方便、快捷、多渠道等数字化体验成为客户选择金融机构的重要衡量标准。

3）用户消费行为和业务形态不断变迁

微众银行与腾讯 CDC 发起的《2017 银行用户体验大调研报告》显示，2019 年，有超过 1/3 的用户在银行存入的资金占其所有流动资金的比例相对减少，这种现象在"80 后""90 后"年轻用户群体中尤为明显。其中，有 83% 的人将资金转向各种新金融平台。传统银行普遍缺乏多维度、高频化的交易场景，如何在线上运营多维度的非金融类业务场景并引流到金融服务，成为一个重点问题。另外，传统银行习惯服务于高端的企业客户和个人客户，遵从二八法则，但数字化时代打破了客户的边界，银行可以通过数字化渠道触达所有客户群体，遵从的是长尾法则，这就意味着银行需要具备更加精细化的数字化运营能力。数字化时代，用户消费行为和业务形态不断变迁，如果银行不积极应对的话，未来银行五大零售业务——消费金融、按揭贷款、中小企业贷款、零售支付、财富管理的收入和利润将面临严峻的挑战。

4）数字化转型发展已是大势所趋

全球数字化时代已经到来，数字经济已成为全球经济发展的新动能，金融服务已开启数字化革命的大门，进入快速发展的黄金期，嵌入用户的日常生活和金融服务，并逐步使商业银行等金融机构本身变得"无形"。面对行业竞争格局的改变，以及服务需求方和供给方行为模式的转变，商业银行的数字化转型已经迫在眉睫。未来，数字化银行也会逐渐形成差异化、快速创新、细分市场的商业格局，只有结合自身特点，把握好转型方向和策略，选择适当的数字化转型路径，并快速实践获得"银行数字力"，才能成为未来的赢家。

2. 银行数字化转型的策略

1）明确银行数字化转型的定位

我国有不同性质的银行，如股份制银行、城市商业银行（以下简称城商银行）、农村商业银行（以下简称农商银行）等，不同性质的银行需要在明确自身定位的基础上制定相应的数字化转型策略。例如，农商银行需要认清所在区域的发展趋势，深入乡村的末端，及时获取需求方的有效信息，为其提供适合的金融产品和服务。

2）重视银行数字化转型的战略

在数字化转型的道路上，银行唯有充分认识到转型的必要性，根据自身的特点找准定位，自上而下地把数字化转型提高到战略层面，制定数字化转型实施路径，积极拥抱变化，主动变革和创新，把握数字化转型中的变与不变，才能加速数字化转型，从中真正获取收益。

3）构建银行数字化转型的组织

组织方面，数字化转型需要配套敏捷组织、柔性组织。目前，部分银行部门"墙"严重，部门之间协调较为困难，决策效率、资源调配效率都难以适应数字化转型，亟须开展敏捷组织建设，并与数字化转型形成良好的互动关系。明确总行与分行的定位，如打造数字化转型的"强总行"，总行做好创新管理、数据分析、客群规划与营销指引、产品创新与准入管理、合作方管理、策略管理等，分行则按照营销指引，开发重点客群，提供线下渠道服务，并开展产品和业务模式的创新等。

4）打造银行数字化的人才梯队

人才队伍方面，需要打造与数字化转型相一致的人才观和激励约束制度。任何战略转型都需要相应的人才，而实施数字化转型要解决两个问题，一是需要什么样的人才，二是如何建设这样的人才队伍。人才观解决需要什么人才的问题，激励约束解决如何建设人才队伍的问题。银行在数字化转型中，应加快内部复合型核心人才的培养，加大人才引进力度，加强与外部团队的合作，实施数字化人才队伍打造专项计划，跟上数字化转型的步伐，引领银行的数字化转型。

5）塑造银行数字化转型的文化

企业文化方面，数字化转型需要相应的数字化文化支持。一是重新塑造新兴的经营哲学、经营理念，从战略高度看待金融科技对银行发展的重构，将金融科技作为思考业务发展方向的重要因素，认可数字化的方向，认可产品落地的理念、迭代的理念，认可数字化管理、数字化运营，从深层次铸就银行的数字化基因。二是重新塑造全新的风险文化。三是培育敏捷文化，将敏捷有关知识和理念进行全行宣贯，展示敏捷工作方式，以敏捷转型案例分享来传播敏捷文化，以敏捷组织人才选拔来落地敏捷文化。四是重新塑造服务文化，避免后台思维，后台是为前台服务的，前台是为客户服务的。

6）整合银行数字化转型的资源

银行业有其特殊的优势，如客户群体庞大，而且建立了广泛且强大的信任感，但在数字化战略布局及实施落地、体系建设方面的经验普遍不足。因此，银行业可以整合资源，与外部跨行及同行业标杆合作。例如，银行与金融科技公司合作，可借助金融科技公司的技术，解决开发迭代缓慢、获客能力弱、运营成本高等转型难题。银行在数字化转型中可借鉴新网银行等数字化转型的经验，结合自身情况进行交流与学习，从而全方位提高数字化转型的效率和质量。

3. 银行数字化转型的差异

银行的数字化进程与银行的类别、业务、资产规模、战略发展方向、所处的地域、监管政策的调整都有非常大的关系。下面从银行的不同类别来分析各银行数字化转型的差异。

1）股份制商业银行

股份制商业银行是数字化转型的主战场之一。股份制商业银行寻求差异化竞争，寻求科技创新与引领，本身具有一定的客户基础和市场规模，也具有比较强烈的革新意愿和诉求，并具备进行全面数字化转型、实现弯道超车的良好潜质。股份制商业银行包袱轻、"转身"快、科技能力强，很多股份制商业银行正在考虑建设全新的互联网业务能力，打造平台化的互联网移动业务、产品中台、资产中台、客户中台、分布式技术能力。

2）政策性银行

政策性银行数量较少，不具备太多可复制的模式，但是政策性银行肩负着传导和落实政策导向的重要责任，借助科技的发展，可以更好地通过市场化的路径落实政策指引，具有重大的政治经济效应。尤其是党的十九大以来，对各行各业的发展提出了诸多要求，这是促使政策性银行发展的良好契机。

3）城商银行

城商银行也是数字化转型的主战场之一。城商银行面临大型国有银行地方分行、股份制商业银行、农商银行、互联网金融企业等多层金融企业的挤压，既要满足地方政府和企业的金融需求，支撑地方的建设和发展，又要满足地方零售业务的个性化服务要求，提供城市缴费、支付、工会、社保、公积金等本地化特色服务。城商银行面临大力拓展获客渠道、打造精品和差异化服务、数字化精准营销、运营好存量客户防止流失等压力，这些都是在客户体验与运营层面转型的方向。另外，有些城商银行通过构筑行业联盟的方式，共同进行联合金融服务业务，如联合贷款、聚合支付等，比较有代表性的是南京银行的鑫和联盟方式。对银行而言，构筑开放性的金融服务平台或参与这样的平台是一种可行的业务模式。

4）农商银行、农村信用合作社

农商银行和农村信用合作社（以下简称农信社）具备多法人主体特征，资金成本较低，资产规模大，地域分散，但是专业金融能力较为欠缺，缺乏专业化的人才，进行数字化转型需要依托外部的力量或类似于行业性组织的力量。农商银行和农信社的技术比较传统，更多的是基于对本土企业的熟悉，通过人工的方式进行信贷业务办理，即所谓的"关系型借贷"，但对地域分散的小微企业很难快速满足其需求。同时，随着金融市场业务（包括同业业务、理财业务等）的发展，农商银行和农信社需要结合当地特色农业、牧业、生态旅游资源、国家精准扶贫政策等特点，进行平台化的供求匹配、精准的业务跟踪，并具备实时风险管理等数字化运营能力。农商银行和农信社可以通过打造平台化业务、大数据风控、智能营销、智能客服等来提升金融服务水平。此外，有些规模较大的农商银行有建立独立的 IT 环境的趋势，因此农商银行也需要考虑借助金融科技的力量建立新一代的数字化银行。

4. 银行数字化转型的平台

为适应数字化进程，银行应加大 IT 方面的投入，加快 IT 系统的前瞻性布局，改变 IT 系统建设的理念，更加强调快速与客户进行链接、快速提供服务、快速迭代，迅速提高 IT 架构的灵活性和可拓展性，为银行业务的创新预留更大的空间。通过引入外部数据，结合内部数据资源进行标签化、资产化、场景化管理，形成用于管理和应用的数据资产，建立起一个完整的数据基础平台，构建全面的大数据视图，配合数字化行动计划的执行。数字化银行是银行数字化转型的目标，要建立一套完善的数字化银行体系，需要具备几大数字化银行平台，如表 5-2 所示。

表 5-2　数字化银行平台及其主要内容

数字化银行平台	主 要 内 容
移动前台	建立最佳客户体验的银行"超级 App"，统一支持银行多业务前台系统：掌银、信用卡、理财、信贷、展业、钱包、支付、商城、客服、生活场景等
体验中台	打造数字化的客户体验平台：刷脸支付、指纹识别、语音识别、OCR 识别、VR/AR 增强、机器人应答等
业务中台	银行统一的业务中台体系：客户中心、产品中心、资产中心，提供"前店后厂"快速敏捷的平台化业务工厂能力
数据中台	智能化数据应用能力：客户画像、智能营销、智能风控、智能客服，提供智能化、精确制导式的数据支持
开放平台	通过二维码、扫一扫、小程序、API 网关、应用市场等方式提供企业端、商户端、开发者开放合作能力，进行联合数字化运营
分布式后台	通过分布式、微服务技术平台构建敏捷的数字银行后台应用，实现高容错、高性能、高扩展的新一代银行基础架构

5. 银行数字化转型的路径

银行数字化转型，并不是简单的线上化、信息化。数字化转型的本质，要从银行自身的特点和未来的目标谈起，并不是盲目地追随，设计合理的路径及路径上的每个节点是转型中最重要的战略，最终实现改善客户体验、平台化科技创新、丰富的生态服务、数字化组织转型。我国银行数字化转型的四个导入点是体验创新、科技创新、生态创新和组织创新，如图 5-10 所示。

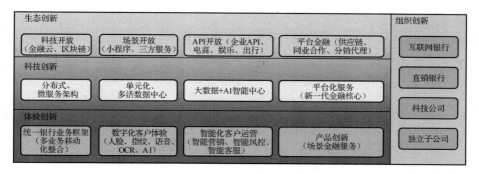

图 5-10　银行数字化转型的四大导入点

1）以体验创新导入

要改善客户连接、客户智能、客户安全、客户服务，全面提升客户体验。打造最佳客户体验的数字化银行，可以按如下路径逐步落地实现。

（1）统一银行业务框架。通过手机银行 App 将大量业务转移到线上办理，这是提升数字化客户体验的第一步。银行借助移动平台技术来提升客户体验，提高服务效率，减少客户去网点和在网点排队等候的时间耗费，并扩大服务客群的覆盖范围。通过移动窗口进行深入的业务平台整合，形成统一银行移动业务平台，整合原有分散的各个渠道业务能力（信用卡、手机银行、网银、支付、钱包、直销、理财、移动展业等），同时优化客户体验界面，完善客户交互。

（2）提升数字化客户体验。提供丰富的金融级安全和智能化服务能力，通过人脸识别、指纹识别等技术解决办理线上业务时"如何证明我是我"的问题，通过语音助理、OCR 识别、智能客服、VR/AR 等技术提升客户数字化交互体验。

（3）提升智能化客户运营。通过大数据、AI、机器学习等技术，建立客户的精准画像、智能营销、智能风控体系，实现"千人千面"的功能、个性化的服务、精准的营销推荐、智能化精细化运营，实时防范线上业务风险。

（4）提升产品创新。引入场景化应用服务，提升对客户的服务黏性，打造"生活＋金融"的场景金融服务。建立全行通用的产品工厂、资产管理等平台化能力，快速实现产品创新、业务创新，面对热点业务和事件，可以按天/周实现产品上线，如推出新套餐、"畅游世界杯"等短周期、敏捷型服务。

2）以科技创新导入

数字化的科技平台可以按照以下路径进行务实而有效的科技创新。

（1）分布式、微服务架构。从系统设计架构的角度看，数字化的分布式架构平台需要具备以下能力。

① 模块化 + 服务化：应对组织和业务规模的飞速增长。

② 云原生微服务：分布式微服务架构下的分布式事务和服务治理，微服务实现"静态拆分"和"动态组合"，优化成本以应对容量问题。

③ 高性能分布式事务：当服务和数据分布后，保证事务中数据的强一致性，这是金融级分布式系统最大的挑战之一。

④ DevOps 和 SRE 体系：快速搭建应用，满足交付效率，提高线上业务变更的风险防控能力。

（2）单元化、多活数据中心。从系统部署架构的角度看，数字化的分布式架构平台需要具备以下能力。

① 规模化分布式服务和数据能力：服务和数据处理的可伸缩性。

② 无限可扩展能力：规模化分布式服务和数据能力。

③ 弹性供给与调度：低成本、按需提供资源配置与调度，实现交易成本的降低。

④ 无损秒级容灾：秒级快速容灾能力，做到四个 9 及以上的系统可靠性，并最终实现异地多活能力。

（3）大数据 +AI 智能中心。大数据、业务智能化绝不是某个部门的事，而是全行的事，是所有业务部门的事。一流的数字化银行需要大数据智能化平台，这个平台需要用完整的数据应用体系来支撑。

① 数据平台：不仅包括传统的大数据存储和计算平台，还包括数据服务平台及基础的决策和模型平台。

② 数据资产：融合内外部数据，汇聚线上线下数据，形成高效、有序、可扩展的大数据标签、指标的数据资产服务平台。

③ 数据治理：让数据"说话"，挖掘数据规律，发现商业洞见。

④ 数据应用：形成大数据授信、风控、营销等数据智能应用能力。以营销为例，需要一整套完整的营销活动计划、投放人群、投放渠道、A/B 测试、活动效果跟踪等全生命周期的数据应用能力。

（4）平台化服务。具备了分布式、微服务架构和大数据智能化运营能力，建设分布式银行核心（平台化服务）就是水到渠成的事情。分布式银行核心具有以下典型特征。

① 以客户为中心：整合的 360°客户视图，解决信息不一致和信息不足的问题。

② 快速配置的产品工厂：提供灵活的产品条件模板，可以支持任何类型和组合的产品创意，支持所有类型的金融产品。

③ 综合账务平台：产品与分户账、总账剥离，让产品应用不需要太关注内部管理的会计分录及其变化，而是更专注于产品本身的服务功能，解决了热点账户等难点问题。

④ 统一的资产平台：统一资产核心的接入标准，通过对各种资产核心的抽象和封装，解决分布式架构下资产核心的处理难点。

3）以生态创新导入

基于移动端和互联网平台引入数字化生态合作，将金融服务更加广泛和频繁地嵌入零售和公司银行业务场景，打造创新业务模式。银行数字化生态圈的选择方式如图 5-11 所示。

（1）科技开放。主要依托银行强大的基础设施能力，具备金融级别的高可用性、高可靠性和高安全性，具备异地多活和近乎无限的横向扩展能力。面向合作伙伴、上下游企业、同业机构，提供金融科技技术平台，包括基础设施服务、平台服务、应用服务等多种开放形式。通过科技平台开放，一方面可以推动科技创新和增加收益，更重要的是通过科技合作形成业务纽带，达成附加的生态领域合作，如供应链金融、安全互信合作等。

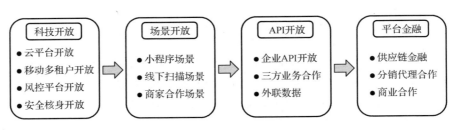

图 5-11　银行数字化生态圈的选择方式

（2）场景开放。银行可以通过小程序、线下扫码、商家生活号、商户在线服务等方式联合生活场景中的合作伙伴来提供非金融类服务场景，增强客户体验，提升客户黏性，整体打包金融服务。银行的定位已经从提供金融产品转变为"综合类服务的集成商"。场景化金融在每个与客户相关的场景中，都能切入其中，进行产品的布点和流量的获取，与合作伙伴互相依赖，成为共生的经济体。

（3）API 开放。很多银行希望通过 API 等方式开放金融业务能力，给企业客户提供"无边界银行"服务，把银行业务交互嵌入企业管理流程，在企业业务流程中调用银行 API 等开放平台来使用银行业务能力，如聚合支付、交易见证、收款付款、代收代缴、账户托管、交易支付结算清算、对账等。诸多基础金融服务能力以 API 接口或软件开发工具包的形式无缝接入客户的业务生态和场景中，客户无须关注金融环节的复杂处理。

（4）平台金融。银行具备"人、货、场"的平台结合能力。银行可以做一个连接者，通过将数字银行的平台化核心能力开放为平台金融能力，让分销代理商发布产品，合作服务商提供非金融服务（娱乐、出行、购物、旅行），同业提供资金和客户，联合多方生态，打造更高附加值的金融合作业务。平台金融建设需要产品中心、资产中心、客户中心、合约中心、清算中心等平台化能力。这些平台化能力不是面向单一应用，而是为了全行所有业务共享所建立的业务中台能力，可连接丰富的生态合作伙伴来打造差异化、个性化的综合服务和供应链金融服务。例如，某银行的 B2B 交易开放平台，可实现同业场外业务向数字化、线上化转型，交易平台累计签约金融机构超 900 家，通过该平台实现同业理财产品销售 3.77 万亿元。

4）以组织创新导入

银行可以通过成立独立的组织，进行数字化业务的"水箱孵化"，实现"双轨创新"。例如，有些公司成立直销银行、金融科技公司、互联网银行、虚拟银行、数字银行部等，各种创新的组织形式层出不穷，其目的就是希望这些新的组织能拥有新的创新使命、新的目标，不用考虑原有的系统、业务、管理包袱和约束，尽情发挥想象力，打造数字化能力。

例如，荷兰的 ING 银行就是以组织创新为切入点引领数字化转型的。ING 银行以其直销银行而著称，其实在 2008 年国际金融危机之前，ING 便开始了数字化转型的探索，ING 在业内最知名的创新是对其组织架构的彻底改造。2015 年，ING 学习谷歌、Netflix、Sportify 等互联网公司的组织架构，进行了组织部门重整，把银行的业务部门和科技部门打通，成为敏捷型数字化银行的典型。

5.5.4　信息通信业数字化转型实践

信息通信业作为数字时代的基础性、先导性行业，既是数字产业化的具体形态，也是建设"数字中国"的关键支撑。"数字中国"的发展正处于关键时期，要想加快推动信息通信产业发展，既要密切关注错综复杂的国际形势，也要密切关注全球产业不断演进的发展态势，综合分析我国产业发展的历史方位和当前特征，在全局中谋发展，在挑战中寻机遇。

1. 全球经济贸易格局深度调整，信息通信产业供应体系受冲击较大

近年来，全球经济增速已呈现明显的放缓态势，新冠肺炎疫情的全球蔓延给世界经贸格局的调整带来了更多不确定性。在此之前，受到贸易摩擦升级、地缘政治风险上升等因素影响，世界主要经济体的发展速度同步放缓，全球市场避险情绪升温，贸易投融资活动相应收缩。在此

过程中，全球信息通信产品和服务的供应体系受到巨大影响。跨国企业制造基地的分散化进程提速也加剧了产业各环节的直接替代竞争，对当前全球产业格局和国际分工产生了深远影响。从短期来看，受物流效率下降、生产材料短缺等因素的影响，从原材料到最终产品的供应压力逐级放大。从长期来看，新冠肺炎疫情的全球蔓延阻断了要素流动，使世界主要经济体开始重新审视当前全球供应链潜在的弱点和公共危机抵御能力。可以预见，后疫情时代，全球供应格局将发生长期、深刻的变化，全球化分工与区域聚集将面临新一轮的博弈，我国将面临短期海外市场需求锐减和未来全球供应链重塑的双重挑战。全球产业分工格局是一个持续调整的过程，当前以数字化、网络化、智能化为特征的新技术正处于创新发展和扩散应用的加速期，发达国家和新兴经济体都将围绕全球数字化转型推动本国的产业建设和区域合作。

2. 产业增长动力强劲，信息通信技术加速释放融合创新活力

当前，全球科技创新进入空前密集活跃时期，数字化浪潮迎来与实体经济深度融合的新进程，加速重塑全球创新版图和产业结构。在这一过程中，香农定理、摩尔定律逐步逼近理论极限，各类数字技术不断冲击自身发展的天花板，纷纷探索以学科融合、技术融合、产业融合为特征，以万物互联、万物感知、万物智能为目标的发展路径。但是，新原理、新材料、新工艺等的革新实用化尚需时日，各领域的应用要求与现有基础技术能力之间的供需差距越发突出。未来，以自动驾驶、人工智能应用等为代表的新兴产业多样化需求，将成为驱动数字技术创新发展的关键动力。

5.5.5　制造企业的数字化转型之路

加快发展数字制造、智能制造，是抢占未来经济和科技发展制高点的战略选择，是实现伟大中国梦的重要支撑。智能制造是数字制造发展的目标，新一代信息技术与先进制造技术深度融合，贯穿设计、生产、管理、服务等制造活动的各个环节，是一种自感知、自学习、自决策、自执行、自适应的新型生产方式，是我国新旧动能转换的必由之路，具有重要的战略意义。

1. 制造企业数字化转型的现状

我国仍处于工业 2.0 的后期阶段，该阶段以电气设备、流水线、自动化为主要特征，工业 3.0 和工业 4.0 正处于探索尝试阶段，尚未形成大规模的信息化、智能化的成熟应用，整体制造业的基础设施薄弱，产业结构不合理，劳动力成本偏高。麦肯锡调查报告显示，只有 57% 的中国企业对工业 4.0 做好了充分的准备，远低于美国（71%）和德国（68%）；仅有 6% 的中国企业制定了明确的实施路径，远低于美、德、日企业（分别为 22%、22%、31%）。中国若想在智能制造方面有所突破，应尽快提高效率并改造原有的管理、生产和销售方式，从信息系统建设入手，逐步改造企业组织架构、业务流程、业务标准、数据标准，这显然会对企业原有的习惯和文化造成很大的冲击，涉及各部门职责、职能的变化。后 ERP 时代，制造型企业的信息系统面临诸多难题：流程不够灵活，难以适应瞬息万变的市场形势；系统分散，集成性差；数据众多，缺乏有效的分析手段等。

2. 制造企业数字化转型的策略

1）客户管理方面的策略

建立以客户为中心和客户至上的企业愿景和经营理念。围绕客户生命周期发生发展的全过程，挖掘潜在客户，提升客户价值。

（1）客户管理阶段：收集客户的信息，收集销售线索和商机，收集客户服务信息，管理和维护客户档案。

（2）业务管理阶段（增加）：增加客户接触，处理销售业务、营销业务和客户服务业务，力求客户满意。

（3）忠诚管理阶段（增加）：力求客户满意，重视客户体验，建立商业联盟，获取客户忠诚。

（4）社会化互动阶段（增加）：强化客户互动，更加了解客户，业务智能化。

2）产品管理方面的策略

以客户为中心进行产品管理和研发。从客户的需求出发设计产品，并根据市场反馈不断完善产品。企业的每款产品都建立在严格的客户需求分析基础之上。例如，丰田汽车公司在 20 世纪 70 年代面对石油危机，全力开发低油耗的小型轿车，90 年代面对节约能源与环保的要求，推出了油电混合动力汽车，这些都是追随客户需求的体现。此外，为不同地区的市场设计符合客户需求的产品，也是丰田汽车公司的一大特色，如凯美瑞、雷克萨斯车型就是针对美国市场设计的产品。

3）数据管理方面的策略

构建统一、规范的主数据管理体系。基于未来 5 ～ 10 年的企业发展战略，科学规划企业未来的主数据管理体系。基于大数据创建竞争优势成为制造企业在后 ERP 时代战略转型的关键，原因有以下几个。

（1）决策文化。统计发现，基于数据分析的决策文化已经逐渐被企业接受。

（2）数据基础。制造企业已经投入大量资源进行管理信息化建设等，沉淀了大量的业务数据，已具备数据分析的基础。

（3）需求迫切。各方面的转型迫切需要基于数据分析来透视企业经营状况从而辅助决策，发现经营中的问题并进行有针对性的改进。

（4）现状问题。现有数据平台以报表为主，存在多个不统一，如系统架构、指标口径、取数逻辑、报表样式、分析粒度等不统一。

（5）建立覆盖企业全业务流程的质量管理体系和数据平台，可为企业提供分析决策。

4）平台管理方面的策略

考虑到制造企业商务智能平台对可扩展性、持久性的需求，在平台建设中要统一规范，从业务到数据展现均需完善标准，加以规范，从而降低维护成本，提升系统的扩展性。以工业互联网为基础，以数据采集利用为手段，以管理创新为切入点，以集成和协同为方向，通过横向集成和纵向集成，部署工业互联网、高级计划与排程系统、产品数据管理系统、生产过程执行系统、仓储管理系统等 IT 系统，建立企业级数据仓库，消除数据孤岛，确保对企业大数据进行充分的加工和利用，从而构建精益化和柔性化相结合的数字化车间。

5）解决方案方面的策略

（1）基于 MES 的统一生产运营管理。

（2）基于工业互联网的数据采集系统。

（3）基于自动化的生产系统。

（4）基于自动化的物流系统。

在互联网应用普及的今天，传统制造企业的商务运营模式正面临电子商务的冲击，企业要根据自身的行业属性、地域属性、业务属性，从某个关键点出发，由点带面，全面带动企业的数字化转型。智能制造的实践路径有很多，在当前的科技水平和信息化建设的基础条件下，应借鉴数据中台的思想，一方面保护企业既有的信息化投资，另一方面充分借鉴和利用最新的信息科技成果，实现企业快速迭代、小步快跑式的发展。

5.6　企业数字化转型的常见障碍及对策

5.6.1　企业数字化转型的常见障碍

通常，企业数字化转型最大的失误是无法做出实现整个企业转型所需的文化变革。而且，即使那些保持大部分预算不变的组织，在推动大规模的企业变革中也存在一些障碍。具体来说，企业数字化转型的常见障碍有以下几个。

1. 文化冲突

对许多组织来说，文化变革是转型过程中不可避免的。根据

TEKsystems 的调查，39% 的组织表示其组织结构无法支持企业转型。TEKsystems 市场研究经理杰森·海曼表示："尽管技术触手可及，但如何优化其潜力却很复杂。那种缺乏共同愿景、没有考虑整个生态系统的狭隘心态正是数字化创新走向错误方向的根源所在。"

2. 缺乏 CEO 的支持

转型要从组织的顶层开始。但 2017 年 Wipro Digital 的一项调查显示，35% 的高管将缺乏一个清晰的转型策略视为实现全面数字化的关键障碍。Wipro Digital 全球主管拉詹·科利也认为，CEO 通常是企业数字化转型失败的罪魁祸首："数字化转型的努力未能达到预期的投资回报率，部分原因是，数字化转型既是战略、技术、文化和人才问题，也是领导力问题。"

3. 目标不一致

在接受 TEKsystems 调查的企业高管中，有 32% 表示，有太多相互竞争的优先事项是他们难以清除的转型障碍。海曼说："人们的期望不一致。而且对许多组织来说，突袭的新冠肺炎疫情可能更加剧了这一点。因此，确保高层和利益相关者就商业目标达成一致至关重要。"安永咨询市场、业务发展、行业和解决方案部门的负责人赫伯·舒尔也表示，结盟问题往往源于业务部门之间的隔阂。由于无权进入相关部门，产品所有者无法看到供应链内部的情况，这样一来，他们就很难为客户服务。"成功的关键在于超越或跨越组织的竖井和结构，转变所有的业务流程，以获得你想要的结果"。

4. 陷入观望的陷阱

波士顿咨询集团亨德森研究所董事总经理马丁·李维斯表示，在"做什么"和"如何做"的问题上犹豫不决，会让企业陷入困境，因为这会推迟企业的数字化转型。李维斯说："成功转型与否最重要的一个因素就是企业是否能迅速开始。因为数字化颠覆发生得很快，而大多数财务指标都是滞后的。"

5. 陷入技术陷阱

李维斯认为，虽然技术是转型的关键驱动因素，但应用那些不能帮助满足客户需求或启用新的数字商业模式的工具几乎不会帮助组织增加价值。还有一个问题是，如何选择最喜欢的技术，如云计算、预测分析、区块链、人工智能或物联网。有时候首席信息官们会专注于他们工具包里的单一工具，而忽略了基本的竞争问题和客户需求。

6. 大爆炸理论

在策略上找到共同点并表现出改变意愿的组织倾向于用"大爆炸"的方法来对待数字化转型，而不是通过一系列的迭代转换来改变业务流程。然而，这通常会导致组织"对太多结果抱有太多期望"。而且，如果企业文化不协调，企业战略就会失败。因此，关键在于组织如何在不断重复的基础工作上取得阶段性胜利，而不是一开始就朝着那个或许永远实现不了的大里程碑迈进。

7. 速度不够快

在接受 Wipro Digital 调查的受访者中，只有 4% 的人表示，他们在一年内实现了一半的数字化投资，而大多数受访者表示，他们公司花了 2～3 年的时间。拉伯奇说，数字化发展的规模和速度使缩小现有企业和竞争对手之间的差距变得越来越困难。而且，规模或网络效应会让这一差距看起来更大。

8. 人才赤字

数字化转型需要新的人才，包括受过最新编程语言培训的软件工程师，以及知道客户想从虚拟助手那里得到什么的产品经理。海曼表示，90% 的企业认为，它们至少需要一些新型人才；37% 的企业认为，要想成功实现数字化转型，需要进行广泛的人才结构改革。但现实是，需求远远超过供给，大多数企业发现很难招到经验丰富的软件开发人员、产品经理和其他专业人士。

9. 缺乏连续性

拉伯奇表示，企业的高层领导往往不想继承上任领导主导的变革，他们更希望从零开始，留下自己的印记。普通员工和其他管理人员的人事变动也是造成转型缺乏连续性的主要原因之一。最终的结果就是，随着首席信息官和其他员工的跳槽，企业几乎没有机会执行它们的数字化战略。

5.6.2　企业数字化转型困难的对策

1. 统一思想认识

数字化转型不仅是一场技术创新，更是一场深刻的思想革命、深层次的思维创新，关乎企业未来，各个部门的核心人物必须认识和认同数字化，减少转型过程中部门间的内耗，形成合力，减少阻力。数字化转型最重要的是变革决心，包含领导作用、团队合作、全员参与、规划、实施、沟通等各要素。

2. 以客户为核心

数字化转型应以客户为中心，围绕客户需求和用户体验开展。企业需要通过创新的方式来经营，以数字化渠道、数字化服务来吸引客户，强调快速交付服务、精准化服务、增值服务，提高客户的参与度、满意度，提高企业的盈利能力。

3. 做成"一把手"工程

数字化转型是企业的自我革命，单凭职业经理人的努力是不够的，需要董事会的充分授权，将数字化战略或数字化转型作为公司的长期愿景和核心战略，公司的"一把手"要亲自把关和负责，对数字化技术、应用等持有敏锐的商业洞察和魄力，并能为数字化战略持续地投入人、财、物。

4. 强化平台赋能

通过建设统一的平台，让技术融合、数据融合、业务融合，加快推进研发、生产、管理、服务等关键环节的数字化，培育以数据要素为核心资产、以开放平台为基础支撑、以数据驱动为典型特征的新型企业形态。

5. 构建产业生态

整合"政产研用金"资源，依托联盟枢纽平台，为传统企业送技术、送市场、送智力、送资源，切实解决传统企业发展痛点。推动传统企业与政府机关、金融机构、数据公司、评级机构等广泛合作，畅通融资渠道，创新融资产品，确保企业数字化转型的长期持续投入。

6. 享受政策优惠

针对传统企业数字化转型的发展诉求，了解新一代信息技术在不同行业、环节、领域的应用导向，充分享受国家或政府的奖励、财政补贴、税收优惠、普惠金融等激励政策，提升传统企业数字化转型的积极性。

第6章

数字经济的展望与建议

近年来，国际经济形势日益复杂，世界多极化不可逆转，全球经济复苏势头减弱，特别是突如其来的新冠肺炎疫情的打击，使各国对数字经济的重视度日渐提升，不断加快数字经济战略部署，推动数字化转型，力图在新一轮的经济浪潮中走在前列。当前和今后一段时期是全球数字经济发展的重大战略机遇期，要坚持新发展理念，把握高质量发展要求，坚持以供给侧结构性改革为主线，紧紧围绕构建现代化经济体系，立足制造强国和网络强国建设全局，加快数字经济发展步伐。

6.1 数字经济建设的展望

6.1.1 数字基础设施建设可持续发展

数字经济的发展离不开数字基础设施的支撑，以信息传输为核心的网络设施正加快向融合感知、传输、存储、计算、处理为一体的智能化综合信息基础设施演进，提升数字经济的信息交互效率和水平。2020 年，随着智能制造、智慧城市、智慧物流等领域对数据采集、数据存储、数据传输、数据分析、数据可视化的需求的不断提升，物联网、工业互联网、车联网、5G、人工智能等新型数字基础设施建设步伐将不断加快。5G 作为高可靠、低时延、广覆盖、大连接的重要移动通信技术，将在智能制造、智能医疗、智能电网等领域广泛应用。随着科技产业革命的持续推进，5G 将在未来一段时间内扮演重要角色。

6.1.2　数据要素价值创造更加持久

价值创造是数字经济的关键。这种价值创造方式不同于工业时代，是建立在数据要素的基础上，充分考虑数字生产力的创造性，并建立与之匹配的数字化生产关系，从而真正释放数字价值。数据价值化应注重如下两个方面。第一，推进数据采集、标注、存储、传输、管理、应用等全生命周期价值管理，打通不同主体之间的数据壁垒，实现传感、控制、管理、运营等多源数据一体化集成，构建不同主体的数据采集、共享机制，推动落实不同领域数据标注与管理应用，建设国家数据采集标注平台和数据资源平台，实现多源异构数据的整合和存储。第二，建立数据质量管理机制，制定规范的数据质量评估、监督、响应、问责和流程改善方案，积极应用先进的质量管理工具，形成数据质量管理闭环，加快完善数字经济市场体系，推动形成数据要素市场，研究制定数据流通交易规则，引导培育数据要素交易市场，依法、合规地开展数据交易，支持各类所有制企业参与数据要素交易平台建设，推动数据要素全面深度应用，深化数据驱动的全流程应用，提升基于数据分析的工业、服务业、农业的供给和消费，实现不同产业的生产管理全流程综合应用，组织开展数据标准研制工作，促进各类标准之间的衔接配套。

6.1.3　数字科技交叉创新，硕果累累

在数字经济时代，以物联网、大数据、人工智能、5G、区块链等为代表的数字科技创新了生产、分配、交换和消费等经济社会各个环节，

同时也促进了科技升级、产业转型和供给侧改革。数字技术可以加速孕育颠覆性、群体性重大突破，应加快数字技术与制造、能源、材料、生物、空间等技术的交叉融合，并在基础设施及支柱产业、机械装备、服务业、能源环保中快速赋能。从宏观看，数字技术融合基础设施是新基建的重要内容，包括智能交通基础设施、智慧能源基础设施等，对国民经济社会的影响深远。从微观看，面对部分产能过剩和信息不对称带来的企业盈利空间变小问题，企业应积极利用数字技术加快自身数字化转型升级的步伐。

6.1.4　数据资产治理水平更加规范

数据治理是专注于将数据作为企业的商业资产进行应用和管理的一套管理机制，能够消除数据的不一致性，建立规范的数据应用标准，提高组织数据质量，实现数据广泛共享，将数据作为组织的宝贵资产应用于业务、管理、战略决策中，发挥数据资产的商业价值。随着大数据的高速发展，以及数据作为关键生产要素的战略资源地位日益提升，数据确权、流通、管控等方面的问题日益凸显。区块链作为核心技术自主创新的重要突破口，其去中心化、分布式、防篡改、高透明、可追溯的特性为数据治理提供了新的方向。区块链的上述特性可以与数据确权、开放、流动、溯源、隐私保护等相结合，有效增强数据产权保护力度，平衡数据开放流通与隐私保护、数据安全之间的矛盾。未来，区块链将成为推动数据资产交易、数据开放共享、数据跨境流通等取得突破的重要抓手，是数据治理中不可忽视的重要技术。

6.1.5　"上云、用数、赋智"常态化

未来应加快建立包括政府、平台企业、行业龙头企业、行业协会、服务机构在内的联合推进机制，在企业"上云"等工作基础上，积极鼓励和推动企业数字化转型，并在更大的范围内、更深的程度上推广普惠性"上云、用数、赋智"服务，促进企业研发设计、生产加工、经营管理、销售服务等业务的数字化转型，努力消除数据孤岛，实现数据资源的互

通共享。通过数字技术创新催生新产业、新业态、新模式，更好地实现数字产业化的经济和社会效益；提升对产业数字化转型升级的服务供给能力，激发企业数字化转型的内生动力，释放数字对实体经济发展的倍增作用，为推动经济的高质量发展提供新动能。

6.2　数字经济融合发展的展望

6.2.1　推进实体经济数字化转型

发挥数字经济在生产要素配置中的优化与集成作用，加强企业数字化改造，引导实体经济企业加快生产装备的数字化升级，深化生产制造、经营管理、市场服务等环节的数字化应用，加速业务数据集成共享，加快行业数字化升级，面向钢铁、石化、机械、电子信息等重点行业，制定数字化转型路线图，形成一批可复制、可推广的行业数字化转型系统解决方案，打造区域制造业数字化集群，加快重点机械制造业集群基础设施的数字化改造，推动智慧物流网络、能源管控系统等新型基础设施共建共享，培育数据驱动的新模式、新业态，引导企业依托工业互联网平台，打通消费与生产、供应与制造、产品与服务间的数据流和业务流，加快创新资源在线汇聚和共享，培育个性化定制、按需制造、产业链协同制造等新模式，发展平台经济、共享经济、产业链金融等新业态，进一步促进数字经济与实体经济的深度融合，进而提升实体经济的发展韧性和创新能力。

6.2.2　促进共享经济的融合发展

共享经济蓬勃发展，其产业形态不断变化。随着数字经济和实体经济的交汇融合，共享经济加速从消费领域向生产制造领域渗透。共享制造是数字化发展的新亮点，工业互联网是关键支撑。工业互联网作为制造业与互联网技术的有机结合，集采集、传输、存储、平台、服务等功能于一体，可以充分发挥互联网在生产要素配置中的优化和集成作用，有效推动制造能力、创新能力、服务能力共享，在共享制造、智能制造发展过程中将起到关键支撑作用。

6.2.3　数字政府建设与时俱进

数字政府建设是提升政府治理能力、推动政府治理现代化的重要抓手，目前各个省份都在大力推进数字政府建设。在数字政府建设过程中，手段日益丰富，政务新媒体、政府网上服务、政府大数据决策支撑平台、电子政务等加速涌现。其中，政府大数据决策支撑平台通过打破"系统烟囱"和"数据孤岛"，形成覆盖政府各级部门的多级联动、共建共享的业务系统，并运用大数据技术实现对政府数据的汇聚、存储和关联分析，可以有效激活政府数据资源价值，从中发现新知识，创造新价值，提升新能力，为实现政府政策制定科学化、行业监管精准化和社会服务高效化提供了重要支撑。作为推动政府决策方式转变和决策能力提升的重要抓手，未来政府大数据决策支撑平台将成为热点。

6.2.4　产业基础能力提升明显

未来应进一步提升产业基础能力，突破核心关键技术，强化基础研究，提升原始创新能力，努力走在理论最前沿，占据创新制高点，取得产业新优势，坚持应用牵引、体系推进，加快突破信息领域的核心关键技术，提升数字技术供给能力和工程化水平。补齐产业基础能力短板，聚焦集成电路、基础软件、重大装备等重点领域，加快补齐产业链条上基础零部件、关键基础材料、先进基础工艺、产业技术基础等短板，提升产业链现代化水平。支持产业链上下游企业加强产品协同，合作攻关，增强产业链韧性。推进先进制造业集群建设，支持建设共性技术平台和公共服务平台，预防和缓解产业对外转移，留住产业链关键环节和核心企业，推动沿海地区产能有序向中西部和东北地区梯度转移。

6.2.5 数字经济治理能力更加强大

要推动数字经济的发展，必须强化数字经济的治理能力，兼顾创新发展和安全发展，防范和化解数字化转型带来的信息安全风险，提升网络安全和数据安全保障能力，保障公共安全和国家利益。建立健全法律法规，完善数据开放共享、数据交易、知识产权保护、隐私保护、安全保障等法律法规，修订相关管理规章，更好地发挥行业公约等对法律法规体系的有效补充作用。加强政策和标准引导，持续完善数字经济发展的战略举措，加强政策间的相互协同、配套，推动形成支持发展的长效机制，推动建立融合标准体系，加快数字化共性标准、关键技术标准的制定和推广，完善数字经济统计理论、方法和手段。利用现代信息技术提升治理效能，强化大数据、人工智能、区块链等现代信息技术在治理中的应用，增强态势感知、科学决策、风险防范能力，降低治理成本，提高治理效率，加强安全保障和风险防范，全面提升关键信息基础设施、网络数据、个人信息等安全保障能力，增强融合领域的安全防护能力，应对新型网络安全风险。

6.3 数字经济的政策建议

6.3.1 推进体制机制改革

体制机制改革是数字化转型的环节和条件，改革监管体制，应做到既包容谨慎又尽责到位。第一，推进体制机制改革，应尽快消除妨碍要素自由组合的堵点，清理创新路上的障碍，加快推动数字经济发展的制度供给，加快数字经济与传统产业的融合发展，实现产业数字化升级改造。第二，要持续深入地推进供给侧的结构性改革，为数字产业化和产业数字化的发展提供良好的环境；要积极引导企业逆势求变、迎难图新，加快数字化转型，鼓励企业解决"不敢转""不会转""不能转"等一系列制约其更好地发展的现实问题。第三，要大力推进政府数字化、行业数字化和企业数字化等方面的建设，引导建设数字化转型开源社区，加强平台、算法、服务商、专家、人才、金融等有利于数字化转型的公共服务的建设，降低数字产业化和产业数字化的转型门槛和成本。

6.3.2　搭建网络协同平台

加快完善数字基础设施，促进产业数据中台应用，大力支持核心企业尤其是具有产业链带动能力的龙头企业搭建网络化协同平台，推进企业核心资源开放源代码、硬件设计和应用服务，鼓励其带动上下游企业加快数字化转型，促进产业链向更高层级升级，推动传统产业服务化。积极培育数字经济的领军企业，打造数字虚拟产业园和数字虚拟产业集群，突破传统物理边界限制，充分发挥企业间的协同倍增效应。引导平台企业、行业龙头企业整合开放资源，鼓励以区域、行业、园区为整体，共建数字化技术及解决方案社区，构建产业互联网平台，为中小微企业数字化转型赋能。培育数字经济新业态，大力支持建设数字供应链，推动企业间订单、产能、渠道等实现资源共享和有效协同。

6.3.3　培养数字高端人才

数字经济创造了新的岗位，并促使人们学习新思维、新模式、新技能，从而提高他们的生存能力和收入水平。要积极稳妥地打造与数字经济产业链相匹配的人才链，坚持大力引进和自主培养相结合，坚持国际、国内两种人才相结合，坚持理论与实践相结合。要聚焦数字经济需要的人才定位，加快构建、完善层次分明的人才引进政策体系。充分调动创新主体的积极性，加快建设数字经济领域的研究机构，为全球顶尖人才的集聚搭建平台。要切实解决人才所关注的生活安居、子女入托入学、老人赡养医疗及个税缴纳与返还等与人们切身利益相关的问题，同时要进一步完善留学生政策，多措并举吸引国外高层次青年储备人才。

6.3.4　拓展经济发展新生态

要协同推进供应链要素数据化和数据要素供应链化，支持打造"研

发 + 生产 + 供应链"的数字化产业链,支持产业以数字供应链打造生态圈。鼓励传统企业与互联网平台企业、行业性平台企业、金融机构等开展联合创新,共享技术、通用性资产、数据、人才、市场、渠道、设施、中台等资源,探索培育传统行业服务型经济。加快数字化转型与业务流程重塑、组织结构优化、商业模式变革的有机结合,构建"生产服务 + 商业模式 + 金融服务"跨界融合的数字化生态。大力发展共享经济、数字贸易、零工经济,支持新零售、在线消费、无接触配送、互联网医疗、线上教育、"一站式"出行、共享员工、远程办公、"宅经济"等新业态,疏通政策障碍和难点、堵点。引导云服务拓展至生产制造领域和中小微企业。鼓励发展共享员工等灵活就业新模式,充分发挥数字经济的"蓄水池"作用。

6.3.5 扩大开放型经济视野

中国数字经济发展应践行"以对外开放的主动赢得经济发展的主动,赢得国际竞争的主动",在更大范围、更宽领域、更深层次上全面提高开放型经济水平,提高我国在全球经济治理中的制度性话语权,引领新兴市场国家和发展中国家的群体性崛起,从而在国际经济秩序重构中推动建立最广泛的全球经济共同体。《国家信息化发展战略纲要》明确了在深化国际合作交流、参与国际规则制定、共建国际网络新秩序、拓展国际发展空间方面的各项任务,提出要提高国际互联互通水平,引导数字经济全球分工协作,建设全球信息化最佳实践推广平台,为构建全球经济共同体做出更大的贡献。同时,中国数字经济发展的创新实践将更加丰富多彩,为全球经济社会的转型发展提供"中国经验"和"中国方案",为全球发展提供可借鉴的宝贵经验。当前,新全球化面临一些全新的问题,我们要发挥中国市场优势,尝试由内需带动的全球化模式,把需求变成需求操作系统,为全球利益共同体服务。

6.3.6 加强数字经济国际合作

数字经济引导着新的经济全球化,也必然面临全球治理的需求。不同的国家对数字经济不同的监管要求，提高了数字经济企业的运营成本和潜在风险。同时，相比单个国家内统一的法律监管体系，在全球范围内推进统一标准的数字经济治理体系的难度较大。因此，要加强各国数字经济领域的政策协调，推进数字经济技术、标准、园区和人才培养等领域合作的试点示范，培育支持若干个示范性、引领性和标志性国际合作项目，深度参与全球数字经济创新合作，加强与联合国、G20和"金砖国家"等数字经济多边机制、论坛的对接，加强与相关国际组织、产业联盟和科研机构的战略合作，推广数字经济相关技术、产品、标准、服务、规则和共识，深化国际互利共赢，创造公平公正、创新包容、非歧视的市场环境，全面实施准入前国民待遇加负面清单管理制度，让各国企业平等地参与中国数字经济创新发展进程，共享发展机遇。

更进一步深化"一带一路"合作，加强与发达国家、发展中国家的合作，统筹推进国内、国际两种规则建设，在数字经济相关法律、标准、技能提升、个人信息保护、网络安全等方面加快推进国际合作，积极参与数字经济国际规则的制定，建立与国际接轨的法律规则体系，扩大数字经济相关市场的开发，提高信息共享水平，提升数字经济制动权、话语权，扩大进出口贸易，实现更高水平的对外开放，助力稳外贸和稳外资，打造"全球共治、全球参与"的新格局。

参考文献

[1] 中国信息通信研究院.中国数字经济发展白皮书（2020）[R].中国信通院网站，2020（7）.

[2] 魏际刚.数字化时代的平台经济[J].数字化转型服务平台，2020（5）

[3] 陈永伟.2020：数字经济如何破题[J].经济观察网，2020（1）.

[4] 李晓华.数字经济新特征与数字经济新动能的形成机制[J].数字化转型服务平台，2019（11）.

[5] 李长江.关于数字经济内涵的初步探讨[J].电子政务，2017（9）.

[6] 李丽，李勇坚.美国在互联网产业的布局与政策趋势[J].国际经济，2017（7）.

[7] 国家信息中心信息化和产业发展部，京东数字科技研究院.2020年中国产业数字化报告[R].国家信息中心网站，2020（7）.

[8] 杜悦英.优化营商环境 添翼数字经济[J].中国发展观察，2020（7）.

[9] 张晓，鲍静.数字政府即平台：英国政府数字化转型战略研究及其启示[J].中国行政管理，2018（3）.

[10] 数字化转型服务平台.全球 VS 中国数字化的现状和机遇[J].数字化转型服务平台，2020（5）.

[11] 陆岷峰，王婷婷.数字化管理与要素市场化：数字资产基本理论与创新研究[R].南方金融，2020（8）.

[12] 南岭.数字化转型：畅想深圳经济特区 40 年的新开启[R].特区实践与理论，2020（7）.

[13] 柳斌杰.经济安全核心是战略产业安全[J].中国经济学人，2019（11）.

[14] 数据工匠俱乐部.政府数字化转型的抓手：数据管理局的发展之路[J].数据工匠俱乐部，2020（9）.

[15] 经济日报 . 传统产业数字化转型应向何处发力 [R]. 经济日报，2020（7）.

[16] 艾瑞咨询 .2019 年中国制造业企业智能化路径研究报告 [R]. 产业智能官公众号，2020（5）.

[17] 于璞，顾芳芳 . 智能制造领域研究现状及未来趋势探讨 [J]. 电子世界，2020（4）.

[18] 创业邦研究中心 .2019 年中国企业数字化 / 智能化研究报告 [R]. 数字化转型服务平台，2020（6）.

[19] 前瞻产业研究院 . 全球数字经济现状分析及我国数字经济发展建议 [R]. 前瞻产业研究院公众号，2020（4）.

[20] 张序 . 促进大数据应用于公共服务 [J]. 中国社会科学网，2020（4）.

[21] 付晓岩 . 什么是数字化转型？来自 IBM、微软、阿里的精华观点和实践 [R]. 大数据 DT，2020（6）.

[22] 国合华夏城市规划研究院 . 中国智谷联盟：智慧城市 4.0 版是终极目标 [J]. 国合城市研究院，2020（6）.

[23] 东方恩拓 . 智慧园区系统解决方案 [J]. 东方恩拓，2020（3）.

[24] 林达春 . 商业银行数字化转型的思考 [J]. 金融电子化，2019（7）.

[25] 国家信息中心 .2020 年中国产业数字化报告 [R]. 国家信息中心，2020（7）.

[26] 肖旭，戚聿东 . 产业数字化转型的价值维度与理论逻辑 [J]. 改革，2019（8）.

[27] 安筱鹏 . 重构：数字化转型的逻辑 [M]. 北京：电子工业出版社，2019.

[28] 中国社会科学院工业经济研究所研究员 . 传统产业放字化转型的主要趋向排战及对量 [N]. 经济日报，2020（2）.

[29] 中国信息通信研究院 .2020 年数字中国产业发展（信息通信产业篇）[R]. 经济日报，2020（2）.

[30] 中国电子信息产业发展研究院 .2019 中国企业数字化采购发展报告 [R]. 中国电子信息产业发展研究院，2020（2）.

[31] 艾瑞咨询 .2019 年中国制造业企业智能化路径研究报告 [R]. 艾瑞咨询，2020（5）.

[32] 前瞻产业研究院 . 中国智能制造发展现状及趋势 [J].CIO 之家，2020（9）.

[33] 蔡跃洲 . 数字化转型是中国产业升级重要方向 [J]. 产城，2020（7）.

[34] 华为，埃森哲 . 未来智慧园区白皮书 [R].AI 城市智库，2020（5）.

[35] 中国信息通信研究院 . 中国数字经济发展白皮书（2019）[R]. 中国信通院网站，2019（4）.

[36] 联合国贸发会议 .2019 年数字经济报告 [R]. 联合国贸发会议，2019（9）.

[37] 张勤香 . 企业进行数字化转型的思路 [R]. 普华永道，2020（6）.

[38] 王秀星 . 基于智慧大脑的供应链协同平台 [J]. 南京英诺森软件科技有限公司，2020（4）.

[39] 夏季 . 带你走进智能立体仓储系统 [J]. 武汉佰思杰科技有限公司，2020（4）.

[40] 浙商证券 . 一文读懂智能仓储现状和趋势 [J]. 浙商证券研究所，2020（4）.

[41] 联合国经济和社会事业部 .2020 联合国电子政务调查报告 [R]. 中国电子政务微门户，2020（7）.

[42] 未来智库 . 数字生态与数字经济 [R]. 数字化转型服务平台，2020（7）.

[43] 赛迪研究院 . 数字经济新业态新模式发展研究 [R]. 数字化转型服务平台，2020（8）.

[44] 数字经济发展研究小组，中国移动通信联合会区块链专委会，数字岛研究院 . 中国城市数字经济发展报告（2019—2020 年）[R]. 中国移动通信联合会区块链专委会，2020（4）.

[45] 前瞻产业研究院 .2020 年中国智慧城市发展研究报告 [R]. 前瞻产业研究院，2020（6）.

[46] 律德启 . 数字化转型，从明确企业价值系统开始 [R]. 汉信咨询，

2020（8）.

[47] 交通运输部 . 交通运输部关于印发《数字交通发展规划纲要》的通知 [EB]. 交通运输部，2020（8）.

[48] 安筱鹏，宋斐 . 转型之路：从数字化到数智化 [J]. 阿里研究院，2020（3）.

[49] 工业互联网研习社 . 大话"数字经济"[J]. 工业互联网研习社，2020（1）.

[50] 工业 4.0. 如何推进企业数字化转型？三大难点问题待解！[EB/OL].http：//digitalization.infosws.cn/20200813/38788.html.

[51] 李剑峰 . 企业数字化转型的本质内涵和实践路径 [J]. 石油科技论坛，2020，39（5）：1-8.

[52] 姜虹羽 . 网络安全技术护航企业数字化转型 [N]. 中华工商时报，2020-08-17.

[53] Cassie. 阐释数字化转型的 10 个大数据用例 [EB/OL]. 千家网，2020（7）.

[54] 国家发展和改革委员会,中央网信办 .《关于推进"上云用数赋智"行动 培育新经济发展实施方案》的通知 [EB]. 国家发展和改革委员会,2020（4）.

[55] 周济，李培根，周艳红，等 . 院士解读"新一代智能制造"[J]. 中国工程院院刊，2020（1）.

[56] 陈国洲，魏董华 . 我国智能制造产业呈现十大新趋势 [N]. 上海证券报，2020（1）.

[57] 中国电子信息产业发展研究院 . 工业互联网平台新模式新业态白皮书 [R]. 中国电子信息产业发展研究院，2019（5）.

[58] 陈春花 . 传统产业数字化转型的"六个关键认知"[EB/OL]. 第二届"国家数字竞争力"论坛，2019（5）.

[59] 何晓刚 . 精益生产方式：五轮改造方案 [J]. 北大纵横，2019（4）.

[60] 李颖 . 发挥平台驱动力量，塑造工业数字经济新体系 [J]. 产业互联网发展联盟，2020（8）.

[61] 中国信息通信研究院政策与经济研究所 . 中国数字经济就业发

展研究报告：新形态、新模式、新趋势 [R]. 中国信息通信研究院政策与经济研究所，2020（7）.

[62] 周宏明. 数字化转型升级的推动思考 [R]. 中国信息通信研究院政策与经济研究所，2020（7）.

[63] 周宏明. 数字经济与中国发展 [J]. 电子政务，2016（11）.

[64] 艾瑞咨询. 2019 年中国数字中台行业研究报告 [J]. 产业智能官，2020（6）.

[65] 邢郑. 数字赋能 政务"瘦身" 政府数字化转型跑出"加速度"[EB/OL]. 人民网，http：//industry.people.com.cn/n1/2020/0729/c413883-3180-2813.html.

[66] 刘航. 数字经济引领疫后新机遇的三个层面 [N]. 新华网，2020（4）.

[67] 蓝庆新，刘昭洁，窦凯. 数字经济是推动世界经济发展的重要动力 [J]. 学术前沿，2020（6）.

[68] 朱岩. 抢抓新基建机遇，加快数字化转型 [N]. 中国经济网，2020（6）.

[69] 张金林. 激发数字经济"牵引力" [N]. 人民日报，2020（1）.

[70] 殷利梅. 2019—2020 年度数字经济形势分析 [N]. 工信安全智库论坛，2020（8）.

[71] 网易科技讯. 排名不及中美，德国网速慢拖累数字经济发展 [N]. 网易科技报道，2019（8）.

[72] 网易科技讯. 2020 年中国数字经济产业链生态图谱及发展前景深度剖析 [N]. 中商情报网，2020（8）.

[73] 倪光南. 新基建要促进构建安全可控的信息技术方案 [R]. 中国信息技术协会，中国资本市场 50 人论坛，2020（5）.

[74] 闫德利. 云计算是驱动数字经济发展的原动力 [J]. 互联网天地，2019（1）.

[75] 互联互通社区. 如何做好企业数字化转型顶层设计 [J]. 互联互通社区，2020（8）.

[76] [美] 达尔·尼夫. 数字经济 2.0: 引爆大数据生态红利 [M]，北京：

中国人民大学出版社，2018.

[77] 马化腾，孟昭莉，闫德利，等 . 数字经济：中国创新增长新动能 [M]，北京：中信出版社，2017.

[78] 汤潇 . 数字经济：影响未来的新技术、新模式、新产业 [M]，北京：人民邮电出版社，2019.

[79] 朱建良，王廷才，李成，等 . 数字经济：中国经济创新增长新蓝图 [M]，北京：人民邮电出版社，2017.

[80] 邓继文 . 基于多样化需求的生产计划管理变革 [J]. 企业改革与管理，2018（9）.

[81] 许远东，付恩伟 . 引爆私域流量：破解数字经济时代的商业密码 [M]，北京：电子工业出版社，2020（6）.

[82] 逢健，朱欣民 . 国外数字经济发展趋势与数字经济国家发展战略 [J]. 科技进步与对策，2013（8）.

[83] 钟春平，刘诚，李勇坚 . 中美比较视角下我国数字经济发展的对策建议 [J]. 经济纵横，2017（4）.

[84] 陈春华 . 传统企业数字化转型能力体系构建研究 [J]. 人民论坛——学术前沿，2019（9）.

[85] 科技舆情分析研究所 . 数字经济：加速布局 加快转型 加强创新 [J]. 今日科技，2020（8）.

[86] 张芸 . 智能制造下中国制造企业的智能物流发展之道 [J]. 物流技术与应用，2020（5）.

[87] 吕铁 . 传统产业数字化转型的主要趋向、挑战及对策 [J]. 经济日报，2020（2）.

[88] 谭建荣 . 智能制造业的前世今生 [J]. 新华网，2018（11）.

[89] 中国智慧物流研究院 . 中国智慧物流末端配送趋势报告 [J]. 中国智慧物流研究院，2018（1）.

[90] 吴志刚，崔雪峰，周亮 . 我国数字政府建设现状及发展趋势探析 [J]. 现代工业经济和信息化，2020（7）.

[91] 赛迪顾问股份有限公司 .2020 中国数字政府建设白皮书 [R]. 中

国电子信息产业发展研究院，2020（6）.

[92] 曹宇. 浅析智慧医疗行业的发展趋势 [J]. 北大纵横，2019（11）.

[93] 重庆市政府办公厅. 重庆市人民政府办公厅关于印发重庆市智慧医疗工作方案（2020—2022 年）的通知 [EB/OL]. 重庆市人民政府，2020（8）.

[94] 中国新闻网. 马化腾、傅育宁等大咖把脉数字经济跨界融合痛点 [N]，中国新闻网，2018（4）.

[95] 汪玉凯. 数字化是政府治理现代化的重要支撑 [J]. 国家治理周刊，2020（4）.

[96] 赛迪智库. 以数字化转型加快推动政府治理现代化 [J]. 赛迪智库，2020（8）.

[97] 国务院. 国务院关于印发促进大数据发展行动纲要的通知 [EB/OL]，中华人民共和国中央人民政府网站，2015（8）.

[98] 康凯斯. 物流 GPS 定位系统 [EB/OL]. www.concox.net，2018（7）.

[99] Moulton B.GDP and the Digital Economy：Keeping up with the Changes[R/OL]. http：//bea.gov/papers/pdf/03.moulton.pdf，1999.

[100] Mesenbourg T L.Measuring the Digital Economy[R/OL]. https：//www.census.gov/econ/estats/papers/umdigital.pdf，2001.

[101] UK Office for National Statistics.E-commerce and Internet use：What defines the Digital Sector[R/OL]. https：//www.ons.gov.uk/businessindustryandtrade/itandinternetindustry/articles/ecommerceandinternetuse/2015-10-08，2015（10）.

[102] OECD.Measuring the Digital Economy：A New Perspective[M]. Paris：OECD Publishing，2014.

[103] Barro R J.Economic Growth and Convergence，Applied to China[J]. China & World Economy，2016（5）.

[104] OECD.OECD Digita Economy Outlook 2017[R/OL].https：//www.oecd-ilibrary.org/docserver/9789264276284-en.pdf，2018.

[105] UK Government.OECD Digitaleconomyact2010[EB/OL].https：//

www.legsilation.gov.uk/ukpga/2010/24/contents，2010.

[106] OECD.OECD Digital Economy Papers[C/OL].http：//www.oecd-ilibrary.org/science-andtechnology/oecd-digital-economy-papers_20716826，2017.

[107] Tapscott D.The Digital Economy Anniversary Edition：Rethinking Promise and Peril in the Age of Networked Intelligence[M]. New York：McGraw-Hill，2014.

反侵权盗版声明

电子工业出版社依法对本作品享有专有出版权。任何未经权利人书面许可，复制、销售或通过信息网络传播本作品的行为，歪曲、篡改、剽窃本作品的行为，均违反《中华人民共和国著作权法》，其行为人应承担相应的民事责任和行政责任，构成犯罪的，将被依法追究刑事责任。

为了维护市场秩序，保护权利人的合法权益，我社将依法查处和打击侵权盗版的单位和个人。欢迎社会各界人士积极举报侵权盗版行为，本社将奖励举报有功人员，并保证举报人的信息不被泄露。

举报电话：（010）88254396；（010）88258888

传　　真：（010）88254397

E-mail：　dbqq@phei.com.cn

通信地址：北京市海淀区万寿路 173 信箱

　　　　　电子工业出版社总编办公室

邮　　编：100036